EMMA SUNDH | SARAH WING

Vintage-Frisuren

Einfache Schritt-für-Schritt-
Anleitungen für spektakuläre Looks

Inhalt

6
VORWORT

8
FRISURENGESCHICHTE

22
SMARTE WERKZEUGE & HANDFESTE TIPPS

28
LOCK 'N' ROLL

40
5 X PONY

46
FRISUREN, FRISUREN, FRISUREN

90
COLORIERTE TRENDS

92
HÜTE – DAS TÜPFELCHEN AUF DEM I

98
DIY – SELBST GEMACHTE ACCESSOIRES FÜRS HAAR

102
MAKELLOSES MAKE-UP

120
DANKSAGUNG

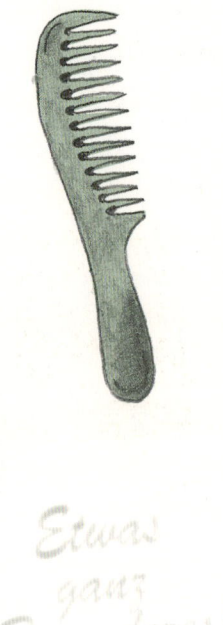

VORWORT

Träumen Sie davon, magische Frisuren im Vintage-Stil zu schaffen – im Handumdrehen? Dann haben Sie sich vollkommen richtig für dieses Buch entschieden.

Vergessen Sie Trockenhauben, vergessen Sie die Stunden, in denen Sie keine Haarsträhne aus den Augen lassen, und vergessen Sie Krämpfe in den Armen. Ich liebe das Handwerk, und obwohl ich lange Stunden hart gearbeitet habe, um mithilfe der alten Techniken perfekte Frisuren zu zaubern, sind es genau diese langen Stunden, die mich getriggert haben, das älteste Accessoire der Welt, die Frisur, zu modernisieren und zu vereinfachen.

Im Unterschied zu den guten alten Zeiten haben wir heute bessere und schnellere Techniken. Lockenstäbe (die das Haar nicht verbrennen), Hitzeschutz (Ihr Haar wird es Ihnen danken) und meinen Retter in der Not – das Haarspray! Mithilfe dieser Innovationen – und noch ein paar mehr – dauert eine Vintage-Frisur nicht länger als ein gut gestylter, moderner Pagenschnitt.

Ich habe alle unnötigen Punkte wegrationalisiert, das Beste behalten, veredelt und neue Kniffe erfunden, die ich jetzt mit Ihnen teilen will.

Genau darum geht es in diesem Buch – um einfache Kniffe mit schönem Resultat. Natürlich gibt es in diesem Zusammenhang auch alte Bekannte: Pincurls, Wasserwellen und Rolls, die ich genau auf dieselbe Art mache wie back in the days.

Geholfen haben mir ein paar Mädchen, die ich persönlich aus meinem Kundenkreis im Salon ausgewählt habe. Alles, um zu zeigen, dass jeder einen Look schaffen kann. Sie brauchen keinen Vertrag bei Warner Brothers, um die herrlichen Züge und Formen zu gestalten und zu verfeinern, mit denen Sie ausgestattet sind. Jeder kann – und davon bin ich absolut überzeugt, müssen Sie wissen – eine 40er-Jahre-Femme-Fatale, eine 50er-Jahre-Bombe oder eine 60er-Jahre-Ikone werden.

Lassen Sie sich von diesem Buch inspirieren und verwirklichen Sie den Stil, von dem Sie immer geträumt haben, oder verfeinern Sie den schönen Look, den Sie bereits haben.

Die Möglichkeiten sind unendlich. Bald beherrschen Sie alle Techniken, die Sie brauchen, um Ihren Look zu variieren und zur hübschesten Version Ihrer selbst zu werden.

Ein Motto, das ich immer hatte und das in den 1940er-Jahren besonders zutreffend war, ist, dass schönes Haar jedes Outfit aufpeppen kann. Eine Frisur ist im Prinzip gratis und ein garantierter Blickfang. Machen Sie es wie früher: Tragen Sie Ihr Lieblingskleid, sooft Sie wollen, und schaffen Sie durch eine auffallende Frisur und markante Haar-Accessoires jedes Mal ein komplett neues Outfit.

Inspiration für Frisuren bekomme ich überall: von Fotos von glamourösen Filmstars oder aus alten Fotoalben vom Flohmarkt. Ihre feminine Ausstrahlung mit wallenden Locken oder die Würde einer festlichen Hochsteckfrisur sind genug Stimulation für mein kreatives Ich. Ich kriege nie genug, es gibt immer eine neue Form zu entdecken. Genau dort hat meine Liebe zu Vintage-Frisuren begonnen – Ihre vielleicht auch?

Inzwischen arbeite ich seit zehn Jahren als Friseurin – ein Beruf, der für Aufregung sorgte, bewundert wurde und die Rolle der Frau in der Gesellschaft verändert hat und der eine absolut brandheiße Frisurengeschichte geschaffen hat – ich Glückliche! Ich übe meinen Beruf auf meine Weise aus, und zwar stets mit einem Blick aus der Vintage-Perspektive. Unter dem Namen Retroella, bei dem es genau darum geht – um Inspiration und Erfindungsreichtum. Wenn es nach mir geht, können Sie nämlich Neues und Altes vermischen – ohne belehrenden Zeigefinger – und etwas Persönliches schaffen. Etwas, das Ihnen entspricht. Trends kommen und gehen, aber der persönliche Stil bleibt!

Viel Spaß beim Eindrehen und Hochstecken!

DIE 1910ER-JAHRE DURCH EINEN PAGENSCHNITT GESEHEN, EINE KRIEGSZEIT, DIE MIT ROTEM LIPPENSTIFT GESCHMÜCKT WIRD, 1960ER-JAHRE, DIE DURCH EINEN PFERDESCHWANZ REVOLTE MACHEN. DIE GESCHICHTE KANN AUS EINEM BESUCH IM FRISEURSALON GELESEN WERDEN. OBERFLÄCHLICH? WEIT DAVON ENTFERNT. EINE FRISUR KANN DER FUNKE FÜR DIE FREIHEIT EINER FRAU ODER EIN STATEMENT IN SOWOHL POLITISCHEN ALS AUCH ÖKONOMISCHEN UND FEMINISTISCHEN FRAGEN SEIN. FRISUREN SIND EINE HAUPTSACHE – UND SIE WAREN ES AUCH VON DEN 1910ER- BIS ZU DEN 1960ER-JAHREN.

DIE 1910ER-JAHRE

In den 1910er-Jahren ist es ein ungeschriebenes Gesetz, das Haar wachsen zu lassen … und wachsen zu lassen … und nochmals wachsen zu lassen. Im Prinzip schneiden Frauen ihre Haare in den 1910er-Jahren nicht – überhaupt nicht. Damenfriseure existieren nicht, das Einzige, was den Friseursalons ähnelt, sind die Barbiere der Herren. Aber dorthin gehen keine Frauen. Der Barbier ist männliches Territorium. Hier wird der würdige Bart mit dem Messer geschnitten und rasiert und der gepflegte Dandyschnurrbart bekommt ein schnörkeliges Finish. Für alle, die es sich leisten können, natürlich. Denn Gleichheit ist das Letzte, was in dieser brodelnden neuindustriellen Gesellschaft herrscht. Die Klassenunterschiede sind groß und die Armut ist weitverbreitet. Dass 1914 der Erste Weltkrieg ausbricht, macht die Sache nicht besser.

Mode und Frisuren unterscheiden Reich von Arm, vor allem zu Kriegszeiten, in denen der Import von beispielsweise Stoffen und Hüten erschwert wird.

JE GRÖSSER, DESTO BESSER

Bis zu den 1910er-Jahren waren Frisuren zu großen Pompadouren aufgebläht worden, doch jetzt tragen die Frauen ihr langes Haar in Dutts oder Chignons. Das Haar offen zu tragen ist nicht akzeptiert – außer bei Kindern. Nein, elegant aufgerollt muss es ein, mit Volumen und wahrem edwardianischem Geist. Lockenstäbe werden erhitzt, indem sie auf den Herd gelegt werden, und die Hitze testet man an einem Stück Papier, damit das Haar nicht verbrennt. Pfiffig – und unglaublich gefährlich.

Danach werden kleine Haarsträhnen gelockt – all das, um Klasse und Stil zu zeigen. Das pompöse Haar wird mithilfe von U-förmigen Haarnadeln und einer erprobten Technik am Platz gehalten – nämlich mit ungewaschenem Haar zu arbeiten. Ein Frisurentrick, der sich bis heute hält, wenn auch nicht in ganz so großem Umfang.

Auf den voluminösen Frisuren tragen die Frauen einen Hut. Die Devise ist: je größer, eleganter und außergewöhnlicher der Hut, desto höher der Status. Die Breiten sind enorm, und die Kreationen aus Federn, Büscheln und Blumen sind wie ein Potpourri an verschwenderischer Pracht.

Die Mode ist genauso stramm wie die Haarknoten, aber unheimlich feminin. Die Silhouetten sind kurvig s-förmig, Knöpfe zieren so gut wie jedes Kleidungsstück und der Kleidersaum endet kurz oberhalb der Knöchel. Die Ärmel sind lang (mindestens dreiviertellang), das Korsett – das in den letzten Zügen liegt – ist fest zugeschnürt und der Kragen hoch. Bei denen, die es sich leisten können, ist der Kragen natürlich aus Spitze. Je später in den 1910er-Jahren, desto mehr werden die keuschen Kragen aufgeknöpft und geben Raum für neue Einflüsse. Empireschnitte, drapierte Ausschnitte aus dünnen Materialien, mutige Muster und etwas so Bahnbrechendes wie … Farbe. Die Inspiration kommt aus Fernost. Diese elegante Mode verbreitet sich durch die neue Art zu konsumieren wie ein Lauffeuer. Kaufhäuser sind nämlich der neue Trend. Hier drängen sich Hüte und Schals mit so innovativen Dingen wie Glastresen mit Make-up. Make-up an sich ist nichts Neues, aber es so offen zu verkaufen – ohne vorgehaltene Hand – ist vollkommen revolutionär. Das natürliche Schönheitsideal macht es notwendig, Make-up unter großer Heimlichtuerei aufzulegen. Sowohl Puder als auch Rouge werden fleißig, aber in Maßen verwendet. Und in Heimlichkeit.

DIE TAGE DES KORSETTS SIND GEZÄHLT

Gleichzeitig tritt der König der Mode in Erscheinung – deutlich beeinflusst vom Orientalismus und der russischen Balletttruppe Les Ballets Russes –, Paul Poiret. Er befreit die Frauen langsam, aber sicher von den Korsetts und führt stattdessen einen engen Rock ein, der unglaublich populär wird. Paul Poiret wird als der erste moderne Modeschöpfer angesehen. Obwohl die Unterwäsche immer noch wie eine Ritterrüstung aussieht, ist es Paul Poiret, der diese »befreiende Mode« in die großen Kaufhäuser bringt.

Für die Arbeiterklasse ist an Kaufhäuser nicht zu denken. Hier wird von neuen Kleidern lediglich geträumt, stattdessen werden die alten bis ins Unendliche geflickt und gestopft. Um seine kostbaren Kleider zu schützen, trägt man allerhand Überkleidung wie etwa Schürzen.

EINE MODE IN VERÄNDERUNG

Die 1910er-Mode ist nicht direkt eine freie Mode, eher eng, stramm und unbequem. Genauso eng wie die Rolle der Frau in der Gesellschaft. Aber sie wird nicht mehr lange eng sein.

Die Suffragetten rühren kräftig im Stimmrechtstopf und die Frauen gewinnen immer mehr an Boden.

Bis zu den 1910er-Jahren waren die Männer die Vormünder ihrer Frauen (und werden es noch ein paar Jahre sein), aber jetzt beginnen die Frauen, sich aufzulehnen. Die Mode war bislang streng geschlechterspezifisch aufgeteilt, und kaum jemand traute sich, diese Geschlechtergrenzen zu überschreiten.

Bahnbrechend ist während dieser Zeit die Französin Coco Chanel. Sie lässt sich von der männlichen Mode inspirieren und lanciert einen neuen Look, der nie zuvor gesehen wurde. Gestreifte Fischerhemden für Frauen und – man höre und staune – Hosen. Ein androgyner Stil, der in den kommenden Jahrzehnten viel bedeuten wird und es immer noch tut.

1920ER-JAHRE

Die 1920er-Jahre der Dekadenz und der Dramatik beginnen in einer Zeit, in der der Zukunftsgeist stark ist. Der Erste Weltkrieg ist zu Ende und niemand will auf die rauen Jahre zurückblicken.

Es ist eine neue Zeit. Auf vielerlei Art. Die lange edwardianische Haarpracht der jungen Frauen wird – zum Ärger vieler – beim Barbier geschnitten (Friseure für Frauen gibt es nach wie vor nicht). Kurze, federgeschmückte, gewagte Frisuren werden zusammen mit geraden, wadenlangen Kleidern und schwungvollem Charleston das Synonym eines neuen und umstrittenen Frauenbilds. Hier nimmt die Frisurengeschichte Fahrt auf. Aber richtig.

Es werden Haarfarben lanciert, um graues Haar abzudecken, und die ersten Versuche, das Haar zu bleichen, werden gemacht – mit weniger gelungenen Resultaten.

Richtig kurze Bobs werden geschnitten (die erste gestylte Frisur), Augen werden sündig schwarz geschminkt, die Augenbrauen werden zu Strichen und der Mund ist klein und dunkelrot. Dieses neue, gemalte und kontrastreiche Ideal wird in und mit dem Film geboren. Damit die Gesichtszüge auf der Silberleinwand durchdringen, werden harte Linien geschaffen – was besonders wichtig in diesem Zeitalter des Stummfilms ist, bei dem Körpersprache an der Stelle der Worte steht.

Die Filmwelt ist zweifellos die größte Inspirationsquelle an der Schönheitsfront und wird es während der nächsten Jahrzehnte bleiben.

Das Ideal ist blass und androgyn, mit einem Hauch unerbittlicher Dekadenz. Jedenfalls bei den richtig rebellischen jungen Frauen – den Trendsettern.

GEWAGTE MODE

Wasserwellen (siehe Seite 48) und falsche Wasserwellen (siehe Seite 53) werden im nassen, kurzen Haar geformt. Zur Hilfe werden die Finger oder ein Stielkamm genommen. Die kurzen Frisuren werden mit geraden Kleidern ohne markierte Taille kombiniert, was in der Modegeschichte völlig neu ist. Zuvor wurden die Taillen in ein Korsett geschnürt oder, im Falle des Empireschnitts, so hoch angesetzt, dass der Blick auf die Brust gelenkt wurde. In den 1920er-Jahren sind diese Kurven wie weggeblasen. Taillen existieren nicht und die weiblichen Formen werden geplättet. Die Korsetts werden weggeworfen und die Brüste bandagiert – das alles, um einen möglichst geraden Körper zu bekommen. Die neue kribbelnde Mode zeigt stattdessen Haut: tiefe V-Ausschnitte und Kleider, die unter dem Knie aufhören – damit das Charleston-Bein sich frei bewegen kann. Die Inspiration holen sich viele dieser neuen Modeschöpfer aus dem Sport. Jean Patou erfindet den gestrickten Badeanzug und entwirft sogar Tenniskleidung für Frauen. Für Frauen! Wir, die zuvor nur dastehen und hübsch aussehen sollten, bekommen nun eigene Freizeitkleidung.

Coco Chanel ist eine der Fahnenträger für diese lockerere, legerere Mode. Mademoiselle Chanel zufolge sollten Frauen so bequeme Kleider tragen, dass sie nicht an sie denken müssen. Frauen haben an wichtigere Dinge zu denken, ist die Meinung der aufsehenerregenden Modeschöpferin. Lachen, essen (ohne dabei in Ohnmacht zu fallen) und das Stimmrecht zu bekommen zum Beispiel. Nein, locker und leger soll es sein. Und hemmungslos kontrovers. Im selben Geist werden die bekannten Trägerinnen der Mode geboren: **Josephine Baker** mit ihrem Bananenrock, **Clara Bow** mit ihrem flirtigen Appeal und **Marlene Dietrich** in ihrem pikanten Herrenanzug.

BAHNBRECHENDE FLAPPER

Über den provokanten, negligéähnlichen Kleidern werden lockere Mäntel getragen, oft mit Pelzdetails verziert. Dekadent und schick – und völlig bahnbrechend. Damit nicht genug, viele der Kleidungsstücke sind ärmellos. Nie haben Frauen so viel nackte Haut gezeigt wie jetzt. Das ist sowohl unanständig als auch prickelnd modern.

Der Flapper hat das Licht des Tages erblickt. Diese frechen, jungenhaften Frauen mit kurzem Haar sind sicht- und hörbar. Sie rauchen, trinken Absinth, tanzen Charleston und fordern das Stimmrecht. Jetzt, at once, pronto!

Schwarz wird eine Farbe, die eher mit Mode als mit Trauer verknüpft (na ja, jedenfalls in bestimmten Kreisen) und mit scharfen Nuancen von Gold und Silber gemischt wird. Eine neue Zeit ist da – so viel ist sicher.

Haar-Accessoires sind absolut in Mode. Federn, Schmuck und mit Fransen verzierte Paillettenkreationen zieren die schicken Frisuren, ebenso Bänder, die den Kopf krönen. Und zwar genau über der Frisur – wie ein Schweißband – mit einer gelockten Haarsträhne scheinbar an die Wange geklebt. Glamourös ist gar kein Ausdruck. Im Alltag tragen die Frauen Turbane, Schals oder einen sogenannten Glockenhut über den Kopf heruntergezogen. Das Einzige, was herausguckt, ist die geschwungene Haarsträhne.

Die erste Dauerwelle hat in dieser Zeit ihren Auftritt. Sie ist noch nicht besonders erfolgreich, weil es oft passiert, dass das Haar am Ansatz abschmort. Für die Dauerwelle werden Metallspulen verwendet, die im Nachhinein als höchst unbequem betrachtet werden können.

Die beste Art, den richtigen 20er-Jahre-Look zu bekommen, ist die erprobte Taktik, die Haare nicht zu waschen. Um das richtig glanzvolle Finish zu erhalten, werden Haarfett und Haarwasser verwendet. Haarpomade und Zuckerwasser sind auch übliche »Produkte«. Hier soll nicht in erster Linie Stabilität erzielt werden, sondern Glanz, Glanz und nochmals Glanz. Passend dazu, dass auf das Haar nun mehr Fokus gelegt wird, wird das erste Shampoo der Welt lanciert. Zuvor wurde normale Seife verwendet.

Auch der erste elektrische Lockenstab kommt während der fröhlichen 20er-Jahre auf den Markt. Obwohl von einem »Lockenstab« eigentlich nicht die Rede ist. Hier heißt er Ondulierungsstab und man lockt das Haar nicht, man onduliert es.

1930ER-JAHRE

Das fröhliche Flapperlachen verstummt in den weniger vergnüglichen 1930er-Jahren, ein Jahrzehnt, das durch Kastastrophen charakterisiert wird, die durch unerreichbaren Glamour zu verschleiern versucht werden. Der Börsencrash in Amerika von 1929 wird die ganzen 1930er-Jahre beeinflussen. Die Konjunktur ist am Boden und die Arbeitslosigkeit haushoch. Wenn die Welt von Depression geprägt und der Alltag rau ist, fliehen die Tagträumer sich ins unfassbar glamouröse Hollywood. Zum Film.

Den Filmstars gehört die Welt, und ganz oben auf dem Thron steht **Jean Harlow**. Durch ihre Hauptrolle in *Vor Blondinen wird gewarnt* bahnt sie den Weg für einen ganz neuen Haartrend. Blondiertes Haar, gerne kinnlang, wird als absolut unwiderstehlich und verführerisch angesehen, und alle wollen ihr Haar mithilfe des neuen trendigen Bleichpuders blondieren.

Mit langen, kühlen Locken segelt auch **Veronica Lake** auf die Filmleinwand und schreibt mit ihrer Frisur für alle Zukunft Modegeschichte.

Die kurzen, strengen Bobs, die in den 20er-Jahren geschnitten wurden, werden nun zu langem oder halblangem Haar mit wogenden Wellen. Glattes Haar wird plötzlich als unanständig angesehen. Lockig oder wellig soll es sein – ein Gedanke, der die Frisurengeschichte bis in die 1960er-Jahre durchdringt.

KÜHL UND SINNLICH

Die traditionellen weiblichen Formen werden wiederentdeckt, die Taille wird wieder markiert und die Rocklänge rutscht erneut nach unten. Die Mode ist mal zurückhaltend, mal sinnlich. Und kühl. Tiefe Rückenausschnitte und dünne Materialien, die die Konturen des Körpers zeigen, sind unglaublich modern. Im Alltag dominieren dagegen gröbere Materalien, aber immer mit den femininen Körperformen im Fokus. Schößchen, auch *Peplums* genannt, werden bei Jacken verwendet, um die weiblichen Formen zu betonen.

Greta Garbo stolziert in Kostümen mit langem, glockenförmigem Rock herum und sieht mit ihrem weltberühmten mystischen Blick unter ihrem Schlapphut hervor. Und Hüte gibt es zuhauf. Ihre Formen sind fantasievoll und von der modernen Kunst inspiriert. Eine

Pionierin ist die rebellische **Elsa Schiaparelli**, die einen surrealistischen Hut (und ebensolche Kleidung) entwirft, unter anderem in der Form eines Schuhs. Die Inspiration hierfür findet sie bei zeitgenössischen Künstlern wie **Salvador Dalí**.

Der Hut ist ein wichtiges Accessoire, was man nicht zuletzt an dem Angebot an Hutmachern sieht. Während dieser Periode gibt es in Paris, der Hauptstadt der Mode, mehr Modeboutiquen als Cafés.

BIAS CUT – EIN KLASSIKER DER 1930ER-JAHRE

Gleichzeitig mit den praktischen Kostümen taucht ein neuer Newcomer der 1930er-Jahre auf – lange Hosen. Eine sportliche Mode gewinnt neu an Bedeutung. Ein Synonym der Mode der 30er-Jahre ist der Bias Cut – ein diagonaler Schnitt, insbesondere bei Kleidern, der die weiblichen Formen hervorhebt. Diese Kleider werden aus edlen Materialien wie Seide hergestellt und sind oft schräg genäht, wodurch sie unglaublich schön fallen. Die Silhouetten sind lang und schlank mit sinnlichen Formen.

Die schmalen Augenbrauen der 1920er-Jahre leben noch ein Jahrzehnt weiter, während das restliche Make-up sparsamer wird. Das blasse Ideal – das zeigt, dass man nicht draußen arbeitet und schuftet – wird durch eine »gesunde«, leicht sonnengebräunte Mode ersetzt. Im Sommer können Frauen durchaus Haut zeigen – etwas, das vorher nicht akzeptiert war. In diesem sonnengeküssten Geist wird die erste Sonnencreme auf den Markt gebracht und hinterlässt einen Duft von Rosen und Jasmin.

ERFINDERISCHE KONJUNKTUR

Mit der eskalierenden niedrigen Konjunktur wird die Mode auch erfinderischer. Man spart, färbt und schneidert alte Kleidung um und macht sie zu neuer.

Auch an der Frisurenfront beginnen Dinge zu passieren. Die primitiven – und lebensgefährlichen – Haarstyling-Werkzeuge aus dem vorigen Jahrhundert werden ad acta gelegt, stattdessen beginnt der Großteil der Frauen, sich die Haare mithilfe von Pin Curls (siehe Seite 34) zu locken, eine effektive Art für Leute, die kein Geld haben. Das Einzige, was man braucht, sind Haarnadeln. Eine andere billige Alternative ist, das Haar mithilfe sogenannter Rag Curls zu locken. Dabei wird das nasse Haar auf Dinge gerollt, die man zu Hause hat, z. B. Stofffetzen oder Putzlappen (*rags*).

Trotz des schmalen Geldbeutels etablieren sich gerade in den 1930er-Jahren die Haarprodukte auf dem Markt. Am Ende der 30er-Jahre beginnt man moderne Chemikalien zu verwenden, um das Haar lockig zu machen, die sogenannte kalte Dauerwelle.

Zu den Klängen von »Summertime« von **Billie Holiday**, in Pin-Curl-lockigem Haar, türmen sich die Träume von einer neuen Zeit auf. Einer Zukunft, die nicht in bereits zerschlissenen Strümpfen auf den Knien geht.

DIE 1940ER-JAHRE

Bomben und Granaten fallen, und bald hat der Zweite Weltkrieg die Welt in seinen Fängen. Während die Männer einberufen werden, werden die Frauen dazu aufgerufen, erwerbstätig zu werden. Sie verlassen ihre frühere unbezahlte Arbeit am Herd, um in Fabriken und Büros Geld zu verdienen. Eigenes Geld.

Die Frauen stöckeln auf den Arbeitsmarkt und hinterlassen große Abdrücke in der Gesellschaft. Die Mode wird uniformartig, praktisch und im Großen und Ganzen männlich. Kein Wunder – viele der Frauenkleider werden aus alter Herrenkleidung genäht.

Die kühlen, sinnlichen Formen der 30er-Jahre werden zu einer viereckigen Silhouette geplättet, in der breite Power-Schultern und schmale, leicht glockige Röcke die Uniform der Epoche werden. Militärische Elemente wie Epauletten und Messingknöpfe landen im Blickfang, zusammen mit der praktischen aus Hosen bestehenden Arbeitskleidung der Fabriken. Grobe, haltbare Textilien – wie zum Beispiel Wolle – sind das Markenzeichen der 1940er-Jahre. Diese werden äußerst sparsam verwendet, was in einem knapperen Modebild resultiert. In diesen Rationierungszeiten werden die Röcke ein wenig kürzer und die Kleidung wird auf den Millimeter angepasst – all dies, um mit den teuren Materialien zu geizen.

STRÜMPFE – EIN STATUSSYMBOL

Lange Strümpfe werden durch materialsparende kurze Strümpfe ersetzt. Ein kleines privilegiertes Grüppchen Damen verwendet Nylonstrümpfe mit schicker Naht hinten. Nylonstrümpfe sind unerhört exklusiv, und hat man eine Laufmasche – ja, da repariert man sie mit Mühe und speziell angefertigtem Werkzeug. Wenn man keine eleganten Nylonstrümpfe mit Naht hat, werden Striche auf die Hinterseite der Beine gemalt. Schwupps hat man eine Illusion dieser begehrenswerten Dinge geschaffen und der Modestatus ist intakt, bis der Regen kommt.

Nachdem es als unanständig erachtet wird, nackte Beine zu haben, steigt der Bedarf an Kreativität. Sogenannte Beinkunst (»Leg Art«) – Farbe, die auf die nackten Beine aufgetragen werden kann – ist ein neues Phänomen, das zu diesen Rationierungszeiten aufkommt.

Etwas anderes, was oft aufgetragen wird, ist Lippenstift. Rote Lippen und etwas kräftigere Augenbrauen sind charakteristisch für dieses Jahrzehnt. Lippenstift wird sogar ein Symbol für Kraft (siehe Seite 107) und ist eines der wenigen Dinge, die zu kaufen trotz der harten ökonomischen Verhältnisse als akzeptabel angesehen wird.

DAS HAAR – DAS BILLIGSTE ACCESSOIRE DES JAHRHUNDERTS

Ein Merkmal von Krisenzeiten im Allgemeinen – aber des Zweiten Weltkriegs im Besonderen – ist die nie versiegende Kreativität. Trotz des schmalen Geldbeutels fließen nämlich die Ideen. Der Wiederverwendungsgedanke ist in allem anwesend, was man tut – es gibt nämlich keine Alternativen.

Während dieser knappen Kriegsjahre wird es als nonchalant und geradezu provokativ angesehen, Mangelware wie Stoff, Knöpfe und Faden zu verschwenden. Wenn in Schränken und in Geldbörsen Ebbe herrscht, legt man stattdessen mehr Gewicht auf das, was man hat – das Haar. Ein billigeres Accessoire gibt es nicht! Spektakuläre Frisuren werden das wichtigste Accessoire der damaligen Zeit. Um diese Frisuren schaffen zu können, wird das Haar ein bisschen länger. Aber es gibt kein hüftlanges Wallehaar. Nein, schulterlang muss es sein. Das ist die perfekte Haarlänge, um Frisuren zu machen, aber auch genau richtig, um es einfach im Nacken zusammenzurollen. In bestimmten Berufsgruppen wird es nämlich nicht akzeptiert, dass das Haar den Kragen berührt.

Auch sogenannte Knotenrollen werden verwendet, um eine voluminöse Frisur zu schaffen. Diese werden aus dem eigenen Haar hergestellt, das gesammelt und zusammengerollt wird. Dieses höchst natürliche Füllmaterial platziert man anschließend in der Frisur, um etwas mehr Volumen zu bekommen.

DUNKEL UND LOCKIG

Das Haar soll lockig sein, und das schafft man mithilfe von Pin Curls oder Metallwicklern. Zum Teil, weil es das Frisurenmachen erleichtert, aber auch, weil glattes Haar noch ein paar weitere Jahrzehnte nicht sozial akzeptiert sein wird. Während dieser Periode wird auch die chemische Dauerwelle mehr und mehr angewandt, genau wie verschiedene Tönungen und Bleichmittel. Das blonde Ideal, das die 30er-Jahre charakterisierte, wird durch eine dunklere Variante ersetzt. Jetzt wollen alle wie eine verführerisch schöne und starke **Katharine Hepburn** in langen Hosen oder eine rothaarige **Lucille Ball** aussehen.

DAS HAAR ALS HOBBY

Während der düsteren und rationierten Zeit des Zweiten Weltkriegs entsteht ein neues Hobby. Anstatt aus teuren und rationierten Produkten zu klöppeln, zu stricken oder zu sticken, findet die weibliche Kreativität in einem brandneuen preiswerten Hobby Ausdruck: Haarstyling. Aus dem Haar der Freundinnen Kunstwerke zu schaffen wird die 40er-Jahre-Version unseres heutigen DIY-Hypes. Im selben Atemzug werden zwei völlig revolutionäre Produkte lanciert: der Haarfestiger und das Haarspray.

Wenn die letzten Schüsse des Zweiten Weltkriegs in der Peripherie verhallen, kommt das »V for victory« auf. Diese Siegesgeste zeigt sich überall. Auf Krawattennadeln, Flugblättern und … auch an der Frisurenfront in Form von Victory Rolls (siehe Seite 60). Die seitlichen Haare werden in Rollen nach oben gedreht und in der Mitte wird ein selbstsicheres v-förmiges Ausrufezeichen geschaffen. Der Krieg ist zu Ende.

DER NEUE LOOK

1947 wird **Christian Diors** weltberühmte sanduhrförmige Silhouette »New Look« lanciert. Es wird der Startschuss für ein ganz neues Ideal. Die Zeit der uniformartigen Mode – mit engen Röcken und breiten Schultern – ist vorbei. Die maskulinen Formen werden durch rundere, feminine Varianten ersetzt. Die Röcke werden weiter und die Taille wird eingeschnürt. Die Frauen machen den Schritt zurück in die unbezahlte Arbeit am Herd, in einer Mode, die von praktisch weit entfernt ist. Hier soll nichts erwirtschaftet und keine Welt gerettet werden – hier gilt es, *umwerfend schön* zu sein. Und das wird in der Mode sichtbar.

DIE 1950ER-JAHRE

Eine neue, leuchtende Zukunft steht vor der Tür. Niemand will in die Vergangenheit zurückblicken. Krieg und Elend sind vorbei, und man will nach vorne blicken. Die Männer sind zurück in den Fabriken, während die Frauen sich den Arbeitsoverall und das Kopftuch ausziehen. Perfekt frisiert und mit lackierten Fingernägeln, unter denen kein Fabrikschmutz mehr ist, sind sie so weit vom Arbeitsmilieu entfernt wie möglich.

Die Frauen sollen repräsentative Hausfrauen sein, die im neuen Heim mit Kühlschrank und Staubsauger herumstolzieren. Am gepflegten Zuhause mit einer Frau am Herd wird nun der Status des Mannes gemessen. Eine auf Hochglanz polierte Wohlstandsgesellschaft.

Von Rationierungszeiten mit Marken und schmalen Geldbeuteln steigen nun die Löhne und der Lebensstandard – für die Männer und ihre Frauen. Koffer werden mit Neuheiten wie Bikinis gepackt, und den Urlaub bucht man zu coolen Slogans wie »To Paris and Such … KLM Royal Dutch«.

Dieser Wohlstand und der enorme Zukunftsglaube drücken sich sowohl in der Mode- als auch in der Schönheitsbranche aus: helle Pastellfarben, ein Übermaß an schwülstigem Luxus und weibliche Formen hoch zwei. Christian Diors Silhouette »New Look« von 1947 dominiert das Modebild der 50er-Jahre und ist bis heute der Stil, den wir am stärksten mit diesem Jahrzehnt verknüpfen.

DIE WIEDERKEHR DES KORSETTS

Die Femininität ist in der Mode zentral, genauso die weiblichen Formen. Zehn Meter Stoff für die weiten Röcke der Kleider zu verwenden ist nichts Ungewöhnliches. Auch nicht, einen Rest für die extrem schmale Taille zu benutzen. Die Taille wird mit Korsetts und Gürteln zusammengezogen, um die zu dieser Zeit so begehrte Wespentaille zu erhalten.

Die Brüste werden mithilfe von BHs spitz nach oben geformt und bei Kleidern werden Metalldrähte verwendet, um die idealen Kurven zu zaubern. Zur Betonung der Hüften werden mit Zucker oder Kartoffelmehl gestärkte Unterröcke benutzt, die die wippenden Röcke nach oben puffen. Die türrahmenbreiten Schultern, die in den 40er-Jahren in waren, werden zum Vorteil von entwaffnenderen, abfallenderen und schmalen Schultern verworfen. Um diesen Look noch zu optimieren, tragen die Frauen U-Boot-Ausschnitt und Mäntel mit dreiviertellangen Ärmeln. Handschuhe und eine Handtasche baumeln stilsicher vom Handgelenk dieser Equipage.

Das Frauenideal ist aufrichtig unschuldig, aber trotzdem verführerisch – so wie **Marilyn Monroe** oder **Diana Dors**. Sie blicken unter ihrem Pony mit einer kräftigen hochgezogenen Augenbraue empor, tragen großzügig genutzten Eyeliner und Wimpern, die mit Mascara getuscht sind. Dazu volle, rote Lippen.

Nach dem Krieg kommt eine Reihe neuer Schönheitsprodukte auf den Markt: flüssige Eyeliner, Kompaktpuder, Lidschatten in Pastelltönen und Make-up – alles in hübschen Etuis und Hüllen, die im neuen Must-have aller Damen verwahrt werden, der Beautybox.

PASTELLFARBEN UND LOCKENWICKLER

Das Haar wird geschnitten und nach hinten gewellt oder in einem graziösen Pferdeschwanz zusammengebunden (siehe Seite 88). Die aparten Frisuren, die die vorigen Jahrzehnte charakterisierten, werden jetzt zu wohlfrisierten, gelegten Haaren ausgekämmt.

Locken sind immer noch ein wichtiges Statussymbol, aber jetzt wird das Haar nicht mehr nur mit Pin Curls gelockt, denn es gibt Lockenwickler aus Plastik – etwas völlig Revolutionäres! Man sieht nun von Montag bis Freitag pastellfarbene Lockenwickler in den netzbedeckten Haaren, und zum Wochenende wird das Haar in wohlgeformten Locken losgelassen. Schnell mit Haarspray fixiert, und man ist fertig zum Kaffeekränzchen.

In dieser blühenden Wohlstandsgesellschaft kann man es sich normalerweise leisten, zum Friseur zu gehen, und das soll man natürlich sehen. Friseurbesuche sind angesagt und notwendig, um die etwas kürzeren Frisuren in Form zu halten.

Zu festlichen Anlässen wird das Haar in aufgewickelten Frisuren wie einem Pile of Curls (siehe Seite 56) oder einem Poodle mit Sweep-up hochgesteckt. Der Pony wird ein wichtiger Akteur im Zusammenhang mit Frisuren und kommt in mehreren Variationen (siehe Seite 40). Unter anderem machen **Audrey Hepburn** und **Brigitte Bardot** den Pony zu ihrem Markenzeichen – jede in einer anderen Variante.

1951 wird eine neue Art der Haarfarbe entwickelt, bei der das Haar nicht gebleicht werden muss. Auch die ersten Haartönungen kommen auf den Markt. Diese Farbtuben sind die Vorläufer der Haarfarben, die es heute gibt. Gleichzeitig kommt der Farbfilm in die Kinos, mit kräftigen Farben, die einen neuen Haarfärbetrend schaffen. In dieses farbenprächtige Zeitalter passen keine weichlichen Farben. Feuerrot, Platinblond oder Rabenschwarz sind die auffallenden Farben, die im Trend liegen.

Ein Klassiker, das Silbershampoo, ist auch ein Produkt dieser Epoche, sowie der leichte Fön aus Plastik (zuvor waren die Föne schwer und unhandlich aus Metall).

Der Hut – der seit Urzeiten ein Muss auf dem Kopf gewesen ist – bekommt eine neue Form. Ein Pillendosen-Hut (siehe Seite 98) oder ein Hut mit Schleier (siehe Seite 101) passt wunderbar zu dem kurzen, lockigen Haar und sitzt elegant am Hinterkopf.

REBELLEN UND ROCK 'N' ROLL

Mitten zwischen Rosenbüschen, selbst gebackenen Kuchen und Tupperware wächst eine neue Generation Jugendlicher heran. Sie kauen Kaugummi, hören Rock 'n' Roll und machen in Jeans und Lederjacke Revolte. Zuvor hatten sich junge Laute in jugendlichen Varianten der Damen- und Herrenmode gekleidet, und erst jetzt entsteht eine eigene Jugendmode – mitten zwischen polierten Küchenanrichten und gelegtem Haar. Aus der Jugendbewegung erwächst eine Reihe unterschiedlicher Stile. Unter anderem Beatniks, eine Gruppe junger Rebellen, die die Welt verändern wollen. Sie kleiden sich in schwarze Polohemden, Slacks und Baskenmützen (siehe Seite 89) und sehen genauso aus wie **Audrey Hepburn** in *Ein süßer Fratz*. Sündig schwarz gekleidet, frecher Pony und das Haar im Pferdeschwanz – der Markenzeichenfrisur der Jugendrevolte.

DIE 1960ER-JAHRE

Aus den steifen 50er-Jahren blubbert eine aufrührerische Jugendkultur herauf. Aufgewachsen in Reihenhaussiedlungen mit polierten, bonbonfarbenen Autos blickt nun eine neue Generation über den Gartenzaun. Und dort trifft sie auf eine Nachkriegszeit, die nicht so pastellgrün lieblich ist wie gedacht.

In den Spuren des weltumfassenden Blutbads wächst ein frostiger Krieg heran und legt eine zitternde Haut über den Alltag. Um die Ecke lauern neue Gefahren. Die Großmächte spannen die Muskeln an, als wäre es ein Kräftemessen in einem Bodybuilding-Wettbewerb, beginnen ihre Kapazitäten zu vergleichen, stählen sich für eine ungewisse Zukunft und polieren den Eisernen Vorhang.

Gleichzeitig keimt der Krieg in Vietnam auf. Mit der Etablierung des Fernsehens in den 50er-Jahren verbreiten sich die Bilder eines kriegsverheerten Asien auf eine Art wie nie zuvor. Der Vietnam-Krieg ist der erste im Fernsehen gesendete Krieg, und die Reaktionen lassen nicht auf sich warten. Die bewegten Bilder wecken Sympathien und die Jugend weigert sich, dazusitzen und von ihren polierten Stühlen aus zuzusehen. Stattdessen gehen sie auf die Straße, um ihre Unzufriedenheit zu zeigen. Zusammen sind sie stark – und viele. Demonstrationen werden die neue Ausdrucksform für eine erregte Generation.

SMALL, MEDIUM, LARGE – EINE FREIERE MODE WÄCHST HERAN

Die 1960er-Jahre sind das Jahrzehnt, in dem alles möglich ist – sogar zum Mond zu fliegen –, also warum nicht eine neue Welt erschaffen? Die Jugendrevolte ist eine Tatsache.

Zu den Klängen von Pop und Rock 'n' Roll soll die Welt frei und demokratisch werden, ohne Gewalt und Krieg. Aber die Welt kann nicht in empfindlichen Taftkleidern, mit Korsetts und gelegten Locken gerettet werden. Im Zeichen der Freiheit wird eine neue Mode geschaffen. Teuer und maßgeschneidert wird zum Vorteil von demokratischen, massenproduzierten Kleidern verworfen. Die Menschen werden nun in Größenschubladen wie small, medium und large eingeteilt.

Die Beatles werden berühmt und gleichzeitig wird der Blick auf die Carnaby Street und das Swinging London gerichtet, die Modemetropole der 60er-Jahre. Die Straßen werden zum neuen Catwalk, und die Musik ist die Außennaht der Jugendmode. Die Formen werden gerader … und kleiner. **Mary Quants** Minirock erblickt 1964 das Licht der Welt, und obwohl er von Anfang an knapp geschnitten ist, wird er immer kürzer und kürzer. Zum Schluss ist er 30 Zentimeter »lang« – wie ein Schullineal. Superkurz ist angesagt, ebenso wie Peter-Pan-Kragen und grafische Muster. Die Pop-Art regiert mit **Andy Warhol** und seiner »The Factory« als König. An seiner Seite steht die Muse **Edie Sedgwick** – platinblond und mit grafisch geschminkten Augen.

DIE SUBKULTUR BESTIMMT DIE FRISUR

Nie zuvor war die Mode so ausdrucksvoll, so bedeutungsvoll. Und so facettenreich. Ganz plötzlich gibt es ein ganz neues Register an Mode und Frisuren zur Auswahl – je nachdem, welcher Subkultur man angehört und zu welchem Friseur man geht. Während der 1960er-Jahre werden am laufenden Band Friseure ausgebildet, und die Friseursessel werden im selben Tempo aufgereiht, wie der Massenkonsum brodelt. Promi-Friseur wird ein Attribut, und **Vidal Sassoon** und **Alexandre Ramon** sind Beispiele für diese Friseure mit Superstatus. Der Brite Vidal Sassoon erschafft bahnbrechende Modefrisuren, die zu Mary Quants Minimode passen, während der Franzose Alexandre Ramon elegante Hochsteckfrisuren wie beispielsweise **Elizabeth Taylors** Frisur im Film *Kleopatra* macht. Neu für die 60er-Jahre sind die leicht zu pflegenden Frisuren, die nach der Kopfform geschnitten werden, aber auch die toupierten Bienenkorb-Frisuren, die nie zu enden scheinen. Sie sind riesig.

AUS LOCKIG WIRD GLATT

Revolutionär in dieser Epoche sind die glatten Haare. Mehrere Jahrzehnte lang war lockiges Haar ein Statussymbol gewesen, aber jetzt wird auf Pin Curls, Rag Curls, Dauerwelle und Lockenstab gepfiffen – sprich auf alles, was mit der Elterngeneration zusammenhängt. Das Haar soll glatt, blank und gerne Beatle-förmig sein. Es soll höchstens von selbst leicht gewellt sein. Um die Frisur am Platz zu halten, werden Neuheiten wie Haargel verwendet.

Die aparten 50er-Jahre-Locken werden in langen **Catherine-Deneuve**-Fluten, **Jackie-Kennedy**-Bouffants (siehe Seite 86), **Brigitte-Bardot**-Strubbelköpfen, einem voluminösen Bienenkorb (siehe Seite 84) oder in einem grafischen Pagenkopf wie z. B. dem Five Point Cut von 1964 ausgekämmt. Und last, but not least – dem Pixie Cut, Markenzeichen der großen Ikone des Jahrzehnts, **Twiggy**.

Die runden, weiblichen Formen sind wie weggeblasen (außer bei Mademoiselle Bardot natürlich), und alle wollen aussehen wie das zaundürre Model Twiggy. Höchst en vogue sind der kindliche Gesichtsausdruck, die Babydoll-Mode mit flachen, geraden Körpern, Beine in Kniestrümpfen und große Augen mit puppenhaften Wimpern (mehr über diesen Stil auf Seite 106).

Beim Make-up geht es ausschließlich um die Augen. Sie werden mit Eyeliner, kontrastreichem Lidschatten und falschen Wimpern aus Nerz (am Ober- und Unterlid) aufgebaut. Dazu wird ein leichtes, rundes Rouge und ein ungeschminkter Mund getragen.

DEIN PERSÖNLICHER STIL

Heute leben wir im Luxus, uns kleiden zu können, wie wir möchten. Wir können an einem Tag 60er-Jahre-Kleider und am anderen Tag 30er-Jahre-Klamotten anziehen. Oder warum nicht einfach mixen? Wir leben in einer Zeit, in der die Mode alles zulässt, und gerade deshalb können wir die damaligen Modehits verwenden, um etwas ganz Eigenes zu erschaffen. Ob es streng nach der Zeit oder eine bunte Mischung ist, bleibt Ihnen überlassen. Aber in vergangenen Zeiten zu stöbern führt oft dazu, dass man seinen eigenen Stil findet – etwas, das einfach nur SIE sind!

Smartes Werkzeug

& HANDFESTE TIPPS

VERGESSEN SIE DIE STUNDEN UNTER DER TROCKENHAUBE! SCHAFFEN SIE IM HANDUMDREHEN IHRE EIGENE VINTAGE-FRISUR MITHILFE VON SMARTEM WERKZEUG UND HANDFESTEN TIPPS!

Heutzutage haben wir den Luxus, mithilfe von neuen Werkzeugen und Produkten schöne Frisuren im alten Stil machen zu können – noch dazu in einem Drittel der Zeit. Manche beschließen natürlich immer noch, ihre Locken beispielsweise mithilfe von Pin Curls und Lockenwicklern zu machen, aber es gibt – zum Glück – auch schnellere Varianten.

Sowohl Werkzeug als auch Haarprodukte wurden im Lauf der Jahre modifiziert und ermöglichen es den Frauen von heute, Karriere zu machen, sich selbst zu verwirklichen, unzählige Hobbys zu betreiben – und bei all dem noch schöne Haare zu haben. Eine dankbare Entwicklung in einer Welt, in der alles für die Nachwelt verewigt werden kann.

Anstelle von auf dem Herd erhitzten Lockenstäben, die immer wieder nachgeheizt werden müssen, stecken Sie einfach das Kabel in die Steckdose. Fünf bis zehn Minuten und eine Runde Haarspray später sind sie fertig. Und Sie mussten noch nicht einmal mit harten, unbequemen Lockenwicklern schlafen.

Ihr Haar muss auch nicht mehr so viel einstecken. Inzwischen gibt es pflegende Innovationen wie Hitzeschutz, Haaröl und Haarkuren, die das Haar auch beim Styln von Vintage-Frisurkunstwerken gesund halten!

Auch die Hygiene hat sich entwickelt. In unserer wohlduftenden, shampoonierten Haarwelt wird das Haar (Gott sei Dank) öfter gewaschen, auch wenn wir es manchmal besser weitere ein bis zwei Tage lassen sollten. Es gibt nämlich kein besseres Haar für Frisuren als das leicht ungewaschene.

Früher wurde das Haar wochenlang nicht gewaschen. Stattdessen verwendete man beispielsweise Trockenshampoo aus Backpulver oder Maismehl. Heute erlebt das Trockenshampoo eine Renaissance, und es gibt eine ganze Menge schicker Dosen und Flaschen, aber die Überlegung ist dieselbe: Das Trockenshampoo soll einen feinen Staubfilm auf das Haar legen, sodass das ungewaschene Finish verschwindet. Ein Kniff, der viele hundert Jahre im Einsatz war und immer noch funktioniert. Heutzutage wird Trockenshampoo verwendet, um das Haar aufzufrischen, aber auch, um ihm Volumen und Stabilität für Hochsteckfrisuren zu geben. Das raue Haar ist zum Frisurenmachen ein Traum.

Um diese schönen Vintage-Frisuren zu machen, wurde altes Denken in zeitgemäßes übersetzt. Ausgehend von neuen Techniken, Produkten und Innovationen zeigen wir Ihnen, wie Sie die schönsten Frisuren kreieren können.

RETROELLAS BESTE TIPPS UND TRICKS

• Stellen Sie sich vor einen Spiegel und heben Sie Ihr Haar um Ihren Kopf herum nach oben. Bewegen Sie es ein wenig und spielen Sie mit verschiedenen Formen. So bekommen Sie eine Ahnung davon, welche Frisurform zu Ihrem Gesicht passt.

• Folgen Sie beim Stylen dem eigenen Willen Ihrer Haare. Das Haar hat eine natürliche Form, und wenn Sie sich danach richten, sparen Sie sowohl Zeit als auch Mühe.

• Schlafen Sie mit den frisierten Haaren im Haarnetz. Am Tag darauf ist die Frisur etwas strubbeliger, aber trotzdem einzigartig hübsch. Wiederverwertung lautet das Stichwort!

• Stecken Sie die Haarnadeln dicht unter die Haaroberfläche, dann sieht man sie weniger.

• Sprühen Sie Haarspray auf die »Rückseite« von kleinen fliegenden Härchen und streichen Sie sie dann dort fest, wo sie liegen sollen. Von oben zu sprühen, macht sie nur noch widerspenstiger. Haben Sie es morgens eilig? Drehen Sie Ihre Haare abends in Pin Curls (siehe Seite 34). Am Tag darauf müssen Sie nur die Locken lösen, etwas bürsten, und schwupps sieht das Haar ganz frisch gestylt aus.

• Hängen Sie sich nicht an Details auf. Stecken Sie das Haar schnell hoch und ändern Sie danach das, was nicht gut geworden ist.

FRISUREN UND GESICHTSFORMEN

Welche Frisur passt zu Ihrer Gesichtsform?
Finden Sie die für Sie beste Kombination.

LÄNGLICH

+ geben Sie Volumen ab dem Wangenknochen
− vermeiden Sie viel Volumen oberhalb

RUND

+ probieren Sie Frisuren mit längeren Haaren
− vermeiden Sie eine bullige und runde Frisur

VIERECKIG

+ setzen Sie auf weiche Formen
− vermeiden Sie harte Formen

DREIECK

+ stylen Sie mit Volumen nach oben hin
− vermeiden Sie Volumen am Kieferknochen

HERZFORM

+ probieren Sie Loops, die die Herzform kompensieren
− vermeiden Sie Volumen nach oben hin

OVAL

+ die meisten Frisuren passen
− vermeiden Sie längliche Frisuren mit Volumen nach oben oder unten

AUF DEM FRISIERTISCH

Bereiten Sie Ihr neues Vintage-Ich vor, indem Sie Ihren Frisiertisch mit ein paar gut gewählten Styling-Notwendigkeiten ausrüsten wie Bürsten, Kämmen, Klammern und Nadeln. Hier eine Liste der besten Frisurhelfer.

HITZESCHUTZ

Hitzeschutz verwendet man, wie der Name schon sagt, um das Haar vor Hitze zu schützen. Hitze von beispielsweise Lockenstäben oder auch Glätteisen greift das Haar nämlich enorm an. Hitzeschutz ist in vielen Haarschäumen, Haarfestigern, Gels und Cremes enthalten, aber es gibt auch reinen Hitzeschutz ohne Festiger, oft in Sprayform.

UNVERZICHTBARE HELFER

Was man für die perfekte Frisur braucht

HEISSWICKLER

Heißwickler verwendet man, wenn das Haar schön fallen soll oder wenn man es vor einer Hochsteckfrisur präparieren will.

LOCKENSTÄBE ODER GLÄTTEISEN

Schnelle Helfer, wenn es ums Lockenmachen geht. Dafür halten die Locken nicht so lange wie Pin Curls (siehe Seite 34) oder gewickelte Locken (siehe Seite 36).

SCHAUMSTOFFWICKLER ODER PAPILLOTEN

Wollen Sie etwas kleinere, festere Locken, sind Schaumstoffwickler oder Papilloten die Lösung. Auf ihnen kann man verhältnismäßig gut schlafen, wenn Sie »Über-Nacht-Locken« wollen.

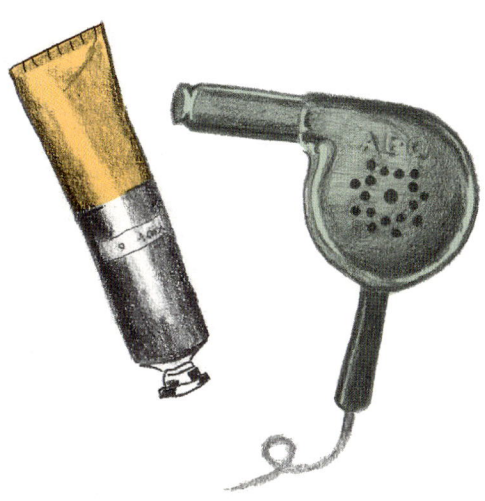

LOCKENKLAMMERN

Diese Klammern verwendet man für Wasserwellen, auch Finger Waves genannt (siehe Seite 49). Anstatt nur die Finger zu benutzen, helfen diese Klammern dabei, die Wellen besser zu formen.

HAARFESTIGER

Haarfestiger verwendet man, damit die Locken länger halten. Ein anderer Vorteil von Haarfestiger ist, dass die kleinen fliegenden Härchen besser unter Kontrolle sind.

POMADE/GLANZCREME

Verleihen Sie den Locken Glanz und Form mithilfe von Produkten wie Pomade, Glanzcreme oder Glanzspray. Geben Sie Ihrer Frisur ruhig dieses gewisse Extrafunkeln. Die Produkte tragen Sie auf, bevor Sie mit Haarspray fixieren.

STIELKAMM

Ein Stielkamm ist ein Muss auf dem Frisiertisch, da er unglaublich vielseitig einzusetzen ist, unter anderem, um das Haar zu teilen oder es zu toupieren. Er erleichtert auch das Legen.

NATURBÜRSTE

Eine Bürste mit weichen, dichten Naturborsten funktioniert zum Ausbürsten ausgezeichnet. Sie formt und glättet das Haar und verleiht Ihnen die richtigen kühlen, sinnlichen 30er-Jahre-Locken.

STYLINGBÜRSTE

Eine gerundete Bürste mit dichten Plastikborsten ohne Noppen. Hat oft eine Gummibasis und einen Plastikgriff. Sie ist für viele Dinge gut zu verwenden: beim Auskämmen, beim Hochstecken und beim Föhnen.

HAARNADELN/HAARKLEMMEN

Haarnadeln – oder Haarklemmen, wie sie auch genannt werden – sind für fast alles gut, wenn es ums Vintage-Styling geht. Sie sind perfekt für Pin Curls und alle möglichen Hochsteckfrisuren.

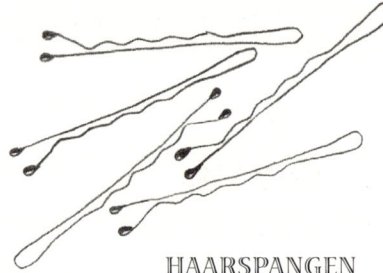

HAARSPANGEN

Haarspangen sollen das Haar fixieren. Sie sind aus Plastik oder aus Metall und können als Stylingunterstützung verwendet werden oder um bestimmte Frisuren zu kreieren.

HAARKAMM

Haarkämme sollen das Haar ebenfalls fixieren. Sie sind aus Plastik oder aus Metall erhältlich und können glatt oder gewellt sein.

POSTICHNADELN/U-NADELN

Werden verwendet, wenn man einen Dutt oder einen Haarknoten machen will. Verteilt die Haare und hält sie am Platz. Man kann sie auch zum Sichern einzelner Haarsträhnen benutzen.

KNOTENROLLEN/HAARFÜLLER

Knotenrollen oder andere Arten von Haarfüllern verwendet man, wenn man das Haar beispielsweise bei einem Dutt oder einer Banane fülliger aussehen lassen will. Auch gut für »falschen Pony«.

DÜNNE HAARNETZE

Verschiedene Arten von Haarnetzen sind gut für diese feuchten Tage, an denen man Angst hat, dass die Locken sich aushängen. Ein dünnes Haarnetz ist kaum sichtbar und passt gut, wenn Sie eine kürzere Frisur für einen Tag wollen. Auch perfekt für das Hochstecken von langen Haaren.

HAARNETZ FÜR DIE NACHT

Ein Netz, das Sie verwenden, wenn die Locken trocknen sollen. Es lässt Luft durch und hält die Pin Curls oder Rollen während der Nacht am Platz.

HAARSPRAY

Das wichtigste aller Produkte. Fixieren Sie mithilfe von Haarspray Locken und Hochsteckfrisuren! Haarspray wird in der Styling-Prozedur ganz zum Schluss verwendet, um kleine Haare zu sammeln und der Frisur den letzten Schliff zu geben.

TROCKENSHAMPOO

Trockenshampoo gibt es seit Jahrhunderten und ist im Friseursalon wie daheim ein Favorit. Der Puder schenkt ungewaschenem Haar Volumen und Mattheit. Trockenshampoo verleiht auch Stabilität, was eine optimale Ausgangslage für Hochsteckfrisuren ist.

ACCESSOIRES

Blumen, Schals, Schmuck, Federn, Kämme, Bänder … Der Fantasie sind keine Grenzen gesetzt, wenn die Frisur aufgepeppt werden soll. Auf den Seiten 98–101 erhalten Sie Tipps für einfache Accessoires, die Sie selbst basteln können.

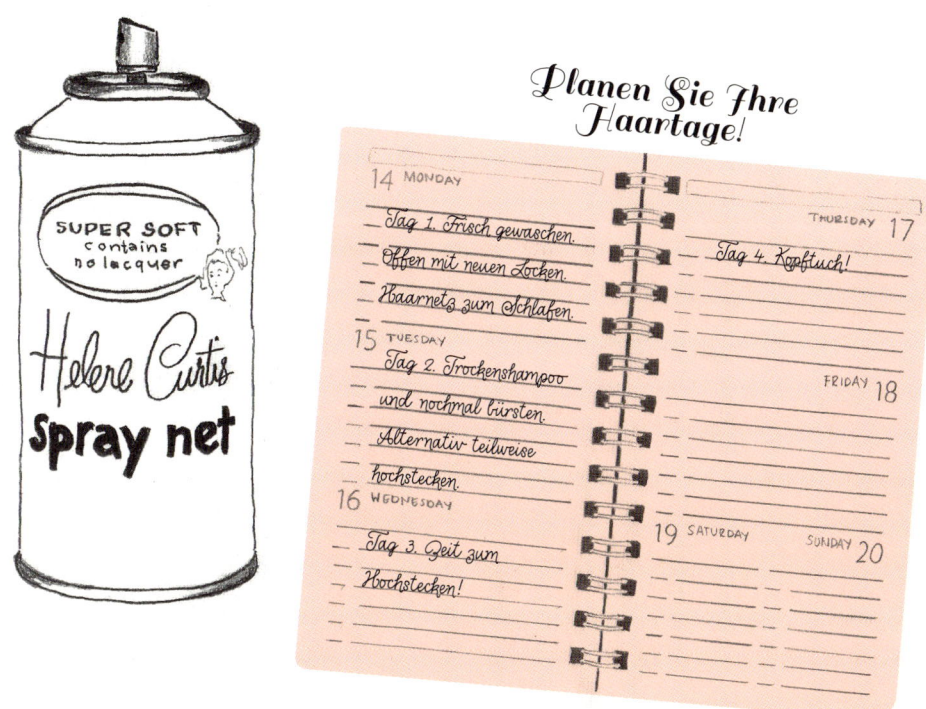

Lock 'n' Roll

LOCKIGES HAAR ZU JEDER ZEIT

FÜNF-MINUTEN-LOCKEN ODER EIN PAAR PIN CURLS, DIE DAS HAAR ÜBER NACHT LOCKIG MACHEN? FINDEN SIE IHREN LOCKENFAVORITEN UND LERNEN SIE, WAS ZU TUN IST, DAMIT DIE LOCKEN HALTEN. LANGE. LOCK 'N' ROLL!

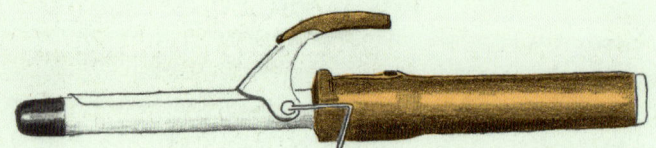

Elegante Wellen, krauses 30er-Jahre-Wuschelhaar, voluminöser 50er-Jahre-Kopf oder poppiger 60er-Jahre-Schopf – lockiges Haar ist beim Vintage-Haar der Ausgangspunkt. Und ein Muss, auf jeden Fall historisch gesehen.

Früher wurde das Haar im Salon gelegt, und glattes wurde als hässlich und ungepflegt angesehen – um nicht zu sagen unweiblich, was zu Anfang des vorigen Jahrhunderts so etwas wie ein Schimpfwort war. Es gab lautstarke Proteste, sobald die Weiblichkeit in Gefahr war. Ob dies nun durch lange Hosen, durch Oberteile, die die Brüste nicht betonten, oder durch kurzes Haar der Fall war, spielte keine Rolle. Der Protest ließ nicht auf sich warten.

Die Frauen haben aber – trotz dieser enormen in Hosen gekleideten glatthaarigen Bedrohung – bis ins 21. Jahrhundert überlebt. Heute können wir uns für oder gegen Locken entscheiden und somit aus besseren Gründen Locken ins Haar zaubern. Und mit einfacheren Mitteln.

Wir können beispielsweise Locken tragen, weil es hübsch ist, aber auch, weil es ein guter Ausgangspunkt für Hochsteckfrisuren ist. Dabei helfen uns Neuheiten wie Lockenstäbe und Glätteisen, bei denen die Locken nur eine Steckdose weit entfernt sind. Aber auch alte Methoden – mit neuen Produkten – werden immer populärer.

Früher wurden Locken mithilfe von Dauerwellen, unterschiedlichen Arten von Lockenwicklern (siehe Seite 36), Pin Curls (siehe Seite 34) oder Lockenstäben gemacht. Die ersten Lockenstäbe wurden über dem Feuer erhitzt oder auf den Herd gelegt. Das Haar wurde am laufenden Band zerstört, weil man die Hitze nicht kontrollieren konnte. 1959 kam der elektrische Lockenstab auf den Markt, was revolutionär war. Alternativ wurden verschiedene Arten von Wicklern verwendet. Die schweren, unhandlichen Metallrollen waren zuerst da und wurden Mitte des 20. Jahrhunderts durch Plastik- und Schaumstoffwickler ersetzt. Dann beherrschten pastellfarbene Lockenwickler das Bild.

Während der 1940er- und 1950er-Jahre wurde das Haar mithilfe von Pin Curls gelockt – das war eine billige, praktische und effektive Art, Locken zu schaffen. Nasses Haar wurde in Loops aufgerollt und trocknete so, entweder über Nacht oder unter einem Haarnetz, während den Alltagsbeschäftigungen nachgegangen wurde. Eine der Pin-Curl-Liebhaberinnen war Marilyn Monroe. Viele haben ein Bild von ihr in Lockenwicklern im Gedächtnis, aber Tatsache ist, dass diese »blonde Bombe« ihre weltberühmten Locken mithilfe von Pin Curls schuf.

GLÄTTEISEN

Ziehen Sie das Haar durch ein Glätteisen und schaffen Sie lockiges Haar innerhalb weniger Minuten!

Sie brauchen

STYLINGBÜRSTE
HITZESCHUTZ
GLÄTTEISEN
HAARNADELN

SO WIRD'S GEMACHT

1. Das Haar sollte komplett trocken sein, wenn Sie beginnen. Kämmen Sie es durch, sodass Sie das Glätteisen durchziehen können, ohne dass es sich verfängt. Am besten das Haar mit irgendeiner Art von Hitzeschutz vorbereiten. Wenn dieser zudem Festiger enthält, sorgen Sie gleich noch für einen gewissen Halt.

2. Eine Strähne aus dem Haar nehmen, nicht allzu dick, sodass die Hitze des Glätteisens auf alle Haare wirkt. Für einen Zwanziger- bis 50er-Jahre-Look wird das Haar immer nach innen eingedreht, also so, dass die Spitzen zum Gesicht hin gewandt sind. Wenn Sie das Haar nach außen eindrehen, bekommen Sie einen Sechziger- bis Siebzigerjahre-Look. Entscheiden Sie sich vor

dem Eindrehen, welchen Stil Sie wollen, denn wenn Sie einmal angefangen haben, ist es schwer, die Richtung zu wechseln.

3. Die heißen Platten des Glätteisens an die Strähne setzen und vorsichtig zusammendrücken. Ein Stück über dem Haaransatz beginnen (ca. 1 bis 2 cm), sodass Sie sich nicht versehentlich verbrennen und damit Sie die Zange anwinkeln können. Das Eisen nach innen drehen, einmal um die eigene Achse (360°). Nach der Hälfte umgreifen, dann kann man das Eisen besser halten. Sie wissen, dass Sie einmal herumgekommen sind, wenn das Oberteil wieder nach unten zeigt. Dann das Plätteisen langsam nach unten ziehen, sodass die ganze Strähne Hitze abbekommt. Ganz bis zum Ende der Strähne herausziehen, und schwupps hat man eine Locke.

4. Die Locke in einer Pin Curl aufwickeln (siehe Seite 34) oder einzeln liegend abkühlen lassen. Nicht an der Strähne ziehen, während sie warm ist, dann verliert sie ihre Spannkraft. In einer Pin Curl liegend bekommt die Locke die meiste Spannkraft und hält länger.

5. Um Volumen in den Pony zu bekommen, das Haar so eindrehen, dass die Strähne gerade nach oben gezogen wird. Hierfür ein Stück über dem Haaransatz beginnen (ca. 1 bis 2 cm), das Eisen um 360° drehen und es dann gerade herausziehen.

Anmerkung: Abhängig davon, wie man das Glätteisen anlegt und in welche Richtung man zieht, schafft man mehr oder weniger Volumen. Zieht man die Strähne gerade nach oben, erhält man maximales Volumen. Zieht man sie gerade zur Seite, erhält man ein mittleres Resultat, und zieht man gerade nach unten, bekommt man nur ein bisschen Volumen.

LOCKENSTAB

Aufwickeln, halten und – Locken! Dieses Werkzeug existiert seit mehreren tausend Jahren und es ist noch heute ein Lockenfavorit. Glücklicherweise gibt es den Lockenstab inzwischen mit Stecker und einstellbarer Hitze – etwas anders als das Feuer und die verbrannten Haare des 19. Jahrhunderts.

STYLINGBÜRSTE
HITZESCHUTZ
LOCKENSTAB
HAARNADELN

SO WIRD'S GEMACHT

1. Das Haar sollte ganz trocken sein, wenn Sie beginnen. Kämmen Sie es durch, sodass Sie den Lockenstab durchs Haar rollen können, ohne dass es sich verfängt. Am besten das Haar mit irgendeiner Art von Hitzeschutz vorbereiten. Wenn dieser zudem Festiger enthält, sorgen Sie gleich noch für einen gewissen Halt

2. Eine geeignet dicke Strähne nehmen, ungefähr in der Größe eines 1-Cent-Stücks. Je kleiner die Haarsträhne, desto mehr Spannkraft hat das Resultat. Die Strähne nehmen und den Lockenstab ganz am Ende platzieren. Die Spitze der Strähne mit dem Greifer der Zange einklemmen und dann den Stab mit der Haarsträhne darin aufrollen, fast bis ganz oben. Halten.

3. Nachfühlen. Ist die Hitze durch die ganze Strähne gegangen und hat die äußerste Schicht erreicht? Dann ist es Zeit, den Lockenstab zu öffnen und die Strähne herauszuziehen. Als Pin Curl (siehe Seite 34) oder frei hängend abkühlen lassen.

Anmerkung: Der Winkel des Lockenstabs entscheidet über das Volumen der Locke. Wenn Sie die Strähne gerade nach oben ziehen, bekommt sie viel Volumen, ziehen Sie sie horizontal, schaffen Sie mittleres Volumen, ziehen Sie gerade nach unten, erzielen Sie nur wenig Volumen.

PIN CURLS

Für Pin Curls braucht man lediglich ein paar Haarklammern. Und Zeit. Pin Curls schaffen extrem haltbare Locken und sind ein Favorit, der uns schon seit den 30er-Jahren begleitet.

Sie brauchen

STYLINGBÜRSTE
HAARFESTIGER, GEL ODER MOUSSE
STIELKAMM
HAARKLAMMERN
HAARNETZ ODER DÜNNES KOPFTUCH

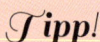

Tipp!

*Machen Sie abends schnelle, größere Pin Curls aus Ihren Locken, dann werden sie für den Folgetag bewahrt. Alternativ im Haarnetz schlafen.
Ist eine Locke erschlafft? Machen Sie eine Pin Curl und drücken Sie sie mit dem Glätteisen sanft zusammen. So bekommt sie ihre Form zurück.*

SO WIRD'S GEMACHT

1. Das Haar sollte feucht sein, wenn Sie beginnen. Haarfestiger, Gel oder Mousse ins feuchte Haar einmassieren. Das gibt den Locken besonderen Halt.

2. Eine Haarsträhne mithilfe des Stielkamms herausnehmen, z. B. an der Schläfe. Wenn Sie feines Haar haben, kann die Strähne größer sein, wenn Sie dickes Haar heben, sollten Sie eine kleinere nehmen.

3. An der Seite des Gesichts beginnen. Die Strähne nehmen, einen, zwei oder drei Finger (einen für kleine, zwei für mittlere und drei für große Locken) einen bis zwei Zentimeter über dem Haaransatz platzieren und dann die Strähne auf den oder die Finger wickeln. Auf der rechten Seite um die linke Hand drehen und umgekehrt.

Die Strähne eindrehen, bis nur noch das Ende übrig ist. Dann von den Fingern ziehen.

4. Das letzte Stück wie ein Rad einrollen und die Pin Curl nach hinten legen. Die Spitze sollte am Kopf sein, zwischen Haaransatz und Pin Curl. Mit einer Haarklammer oder einer Haarnadel direkt über der Pin Curl befestigen.

5. Arbeiten Sie sich von den Seiten-Pin-Curls nach hinten. Das Haar hinten in eine, zwei oder drei Reihen aufteilen, abhängig davon, wie viel Haar Sie haben und wie viel Volumen Sie schaffen wollen.

Die Richtung der Pin Curls wird unwichtiger, je weiter nach hinten Sie kommen. Drehen Sie es so ein, wie es sich am besten anfühlt, und versuchen Sie es beim nächsten Mal mit der anderen Richtung.

6. Um Volumen im Pony zu schaffen, empfiehlt es sich, die Pin Curls stehend zu machen. Das bewerkstelligen Sie, indem Sie die Haarsträhne gerade nach oben halten, wenn Sie sie um den oder die Finger wickeln.

7. Wenn Sie die Haarspitzen eingedreht haben, legen Sie die Pin Curl nicht hin, sondern lassen sie stehen. Befestigen Sie eine Klammer oder Haarnadel im Loop anstatt darüber. Wenn Sie Pin Curls ins ganze Haar gemacht haben, ziehen Sie ein Haarnetz darüber oder bedecken Sie das Haar mit einem dünnen Kopftuch, um die Locken während des Trocknens zu schützen. Lassen Sie es über Tag trocknen oder schlafen Sie nachts mit dem Arrangement.

Wenn es Zeit ist, die Pin Curls zu öffnen, vergewissern Sie sich, dass sie wirklich ganz trocken sind, sonst besteht das Risiko, dass Sie keine Locken bekommen. Entfernen Sie die Haarnadeln. Auf Seite 37 finden Sie Tipps zum Ausbürsten und Finish.

Tipp!

Falls Sie Wellen im Pony wollen, legen Sie die Pin Curls platt an den Kopf, und zwar abwechselnd eine Reihe nach vorne und die nächste nach hinten gerichtet. Wie auf Seite 37 oder im Kapitel über große, wallende Locken auf Seite 52 ausbürsten.

LOCKEN-
WICKLER

Ein richtiger Klassiker im Zusammenhang mit Locken sind Lockenwickler. Aufrollen, warten – und fertig!

**FESTIGER, GEL ODER HAARMOUSSE
STYLINGBÜRSTE
LOCKENWICKLER
STIELKAMM
HAARNETZ ODER DÜNNES
KOPFTUCH**

SO WIRD'S GEMACHT

1. Mit feuchtem Haar beginnen, am besten Haarfestiger, Gel oder Mousse einmassieren, damit die Locken besondere Spannkraft bekommen und lange halten.

2. Mithilfe eines Stielkamms eine Haarsträhne herausnehmen. Die Spitze des Stielkamms waagerecht über den Haaransatz ziehen, sodass Sie eine Haarpartie sammeln, der ungefähr so breit ist wie der Lockenwickler. Das Haar zur gewünschten Lockengröße aufrollen. Die Strähne gerade nach oben ziehen, wenn Sie viel Volumen wünschen, nach außen für mittleres Volumen und nach unten für etwas weniger Volumen.

3. Unten an den Haarspitzen mit dem Wickeln beginnen und dabei immer wieder kleine Haare mit dem Stielkamm einfangen. Bis ganz nach oben aufrollen.

4. Falls Sie Schaumstoffwickler verwenden, den Bügel schließen. Mit Schaumstoffwicklern können Sie mehr variieren als mit anderen Lockenwicklern. Sie können beispielsweise das Haar nur bis zur Hälfte oder ganz aufrollen. Plastikwickler rollt man immer bis ganz nach oben auf und befestigt sie dann mithilfe einer Plastiknadel, die schräg nach oben durch den Wickler gesteckt wird.

5. Auf den Bildern werden klassische 40er-Jahre-Locken gerollt. Rollen Sie das Haar von unten gerade nach oben, also nicht schräg, außer bei der Pony-Partie. Um einen 50er-Jahre-Look zu schaffen, rollen Sie auch Wickler mitten auf den Kopf, dann aber in Richtung gerade nach oben oder nach außen. Das Ziel ist in diesem Fall, so viel Volumen wie möglich zu schaffen. Über Nacht im Haarnetz oder tagsüber unter einem dünnen Kopftuch trocknen lassen. Die Lockenwickler herausnehmen, wenn das Haar ganz trocken ist, und entsprechend der Anleitung auf Seite 37 ausbürsten. Nicht ganz trocken? Vor dem Ausbürsten noch etwas föhnen.

AUSBÜRSTEN

Verwandeln Sie Korkenzieherlocken in hübsche Vintage-Locken im Veronica-Lake-Stil. Alles, was Sie brauchen, sind Bürste und die richtigen Kniffe …

SO WIRD'S GEMACHT

1. Sämtliche Klammern, Nadeln oder Wickler aus dem Haar nehmen. Dann das Haar mit einer Naturbürste gerade nach unten bürsten. Vergewissern Sie sich, dass das Haar ganz ausgebürstet ist – ohne Knoten und Nester.

Sie brauchen

NATURBÜRSTE
STYLINGBÜRSTE
HAARCREME ODER LEICHTES WACHS
STIELKAMM
HAARSPRAY

2. Das Haar in kleinere Abschnitte teilen und jede Partie mit einer kleinen Rundbürste mit Plastikborsten mehrmals kämmen. Dabei immer an der Innenseite des Haares bürsten und die Bürste nach innen eindrehen, dann bekommen die Locken die richtige Form. Für eine Vierziger- bis 50er-Jahre-Frisur immer nach innen und für einen 60er-Jahre-Look nach außen bürsten.

3. Rundherum fortfahren. Dann die Partien mit den Fingern teilen. Wird Ihr Haar leicht kraus, können Sie etwas Haarcreme oder leichtes Wachs einmassieren. Nur einen Klecks, damit das Haar nicht beschwert wird. Formen Sie die Locken, wie Sie wollen. Je mehr Sie die Locken teilen, desto voluminöser wird das Haar.

4. Das Haar ganz innen am Haaransatz mithilfe eines Stielkamms an den Stellen toupieren, an denen Sie mehr Volumen wünschen. Kleine Haare wegbürsten. Wenn Sie zufrieden sind, mit Haarspray fixieren.

Die Locken schützen

Es ist nicht immer leicht, die Locken einen ganzen Tag lang kräftig und schön zu halten. Noch schwerer ist es, wenn die Wetterkarte Wind und Regen zeigt. Verhindern Sie traurige Locken mithilfe von drei essenziellen Tipps.

HANDFESTE TIPPS FÜR LANG ANHALTENDE LOCKEN:

PRODUKTE

Verwenden Sie bei feuchtem Wetter mehr Haarfestiger. Mousse und Gel funktionieren auch, wenn Sie die Dosis ein wenig erhöhen.

Sprühen Sie das Haar mit Haarspray ein. Arbeiten Sie dabei mit vielen dünnen Schichten statt einer einzigen großen Dosis. Wenn Sie das Haarspray auf diese Art applizieren, kommt ein guter, wetterfester Halt zustande.

HAARNETZ

Wählen Sie entweder ein dünnes und fast unsichtbares Haarnetz oder aber ein grobes, welches zusätzlich als hübsches Accessoire dient. Sie möchten, dass Ihr Haar am Abend umwerfend aussieht? Tragen Sie den ganzen Tag über ein Haarnetz. Es gibt massenweise unterschiedliche Haarnetze. Einerseits die unsichtbaren (die es in verschiedenen natürlichen Farben gibt), aber auch die knalligen und expressiven, die eher als hübsches Accessoire fungieren.

REGENHAUBE

Stauben Sie dieses vergessene Accessoire ab – es ist nämlich ein richtiger Lockenretter. Perfekt, wenn der Regen diagonal niederprasselt und Ihr Schirm nicht ausreicht. Außerdem ist die Regenhaube einfach mitzunehmen – ein Retter in der Not, der keinen Platz in der Handtasche wegnimmt.

Bei Schnee schützt ein Schal oder ein großes Halstuch Ihre Locken. Wickeln Sie es einmal um den Kopf und anschließend einmal um den Hals.

RETROELLAS DREI REGENRETTER-FAVORITEN:

•

HAARSPRAY
HAARNETZ
REGENHAUBE/SCHAL

5 x Pony

GEBEN SIE IHREM PONY EINEN VINTAGE-TOUCH ODER FAKEN SIE EINEN PONY, WENN SIE KEINEN HABEN. HIER KOMMEN TIPPS, MIT DENEN SIE IHREN PONY UNENDLICH VARIIEREN KÖNNEN!

Der Pony ist ein immer wiederkehrender Trend. Damals wie heute. Historisch gesehen tauchen die richtigen Ponys in den 1920er-Jahren auf. Damals sollten sie gerade sein und am besten mit einem Bob kombiniert sowie mit einem Glockenhut heruntergedrückt werden. Während der 30er-Jahre wird ein langer Pony zur Seite gekämmt, in einem gewagten Seitenscheitel. Diese sinnlichen Seitenscheitel gehen in den 40er-Jahren in Pin-Curls-Ponys über. Während der 50er-Jahre taucht das Pin-up-Girl **Bettie Page** mit ihrem runden, blank polierten Pony auf und wird – zusammen mit dem kurzen, schräg eingedrehten Audrey-Hepburn-Pony – tonangebend in diesem Zusammenhang.

Die Epoche mit der größten Ponydichte sind trotzdem die 60er-Jahre. Unterschiedliche Stile hatten unterschiedliche Ponys. Der Beatles-Pony, der scharfe Twiggy-Seitenscheitel (bei dem das Haar wie ein Vorhang über der halben Stirn lag), die lange Françoise-Hardy-Variante, der asymmetrische Peggy-Moffitt-Schnitt und der fransige Brigitte-Bardot-Pony.

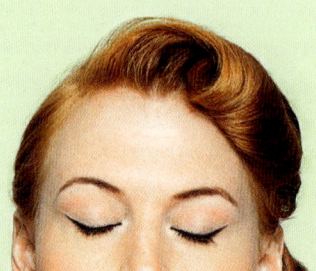

BETTIE-PONY

Der kleine, runde und verspielte Bettie-Pony ist ein richtiger 50er-Jahre-Favorit – inspiriert von Bettie Page. Passt zu allen, die einen spielerischen Pony mit Attitüde wollen.

LOCKENSTAB ODER GLÄTTEISEN
STYLINGBÜRSTE
HITZESCHUTZ
HAARSPRAY

SO WIRD'S GEMACHT

1. Das Haar mit einem Hitzeschutzprodukt vorbereiten, damit es nicht beschädigt wird. Den Pony in drei Teile teilen. Dann jeden Teil für sich mit einem Lockenstab oder einem Glätteisen nach innen eindrehen. Abkühlen lassen.

2. Den Pony mit einer Bürste durchbürsten, sodass er gleichmäßig wird. Das Haar mit ein paar dünnen Schichten Haarspray einsprühen.

Tipp!

Leicht zur Seite bürsten, dann wird Ihr Bettie-Pony schnell zu einem Audrey-Pony!

FALSCHER BETTIE-PONY

Faken Sie einen Pony, indem Sie Ihr langes Haar einfach aufrollen. Perfekt für alle, die ein wenig variieren und einen Pony ausprobieren wollen – ohne sich die Haare zu schneiden.

SCHAUMGUMMIROLLE ODER ANDERES FÜLLMATERIAL
HAARNADELN
HAARSPRAY

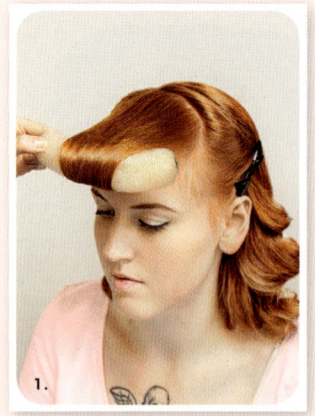

SO WIRD'S GEMACHT

1. Eine dreieckige Partie Haare an der Stirn herausnehmen und auf die Schaumgummirolle wickeln. Dabei mit den Spitzen beginnen und ganz bis an die Stirn einrollen.

3. Das Haar gleichmäßig über die Schaumgummirolle verteilen, sodass sie ganz bedeckt ist.

2. Die Enden der Schaumgummirolle nach oben biegen und mit Haarnadeln nahe am Haaransatz befestigen.

4. Wenn Sie mit dem Resultat zufrieden sind, mit Haarspray fixieren.

SEITENROLLE

Drehen Sie das Haar in einer Seitenrolle auf – eine Pony-Variante, die sowohl verspielt als auch schick ist.

STIELKAMM
HAARNADELN
HAARSPRAY

SO WIRD'S GEMACHT

1. Die Pony-Partie schräg zur Seite ziehen – in die Richtung, die Sie wollen. Den Pony mit einem Stielkamm durchkämmen, dann vom Gesicht heben und leicht toupieren.

3. Das Haar von den Fingern ziehen und die Rolle in der hohlen Hand festhalten. Zum Fixieren im Inneren der Rolle einige Haarnadeln befestigen – so nah am Haaransatz wie möglich.

2. Den Pony auf zwei oder drei Finger aufwickeln. Verwenden Sie die rechte Hand als »Spule«, wenn Sie die Rolle links haben wollen, und umgekehrt. Das Haar zur Stirn hin eindrehen, sodass die Rolle nach innen entsteht. Die ganze Strähne aufrollen und die Spitze nach innen bringen.

4. Zum Schluss die Rolle mit Haarspray einsprühen.

SEITEN-SCHNECKEN

Wollen Sie eine Alltagsfrisur de luxe? Wickeln Sie Ihren Pony zu einer Seitenschnecke. Super-einfach und auffallend hübsch. Perfekt für alle mit mittellangem oder ganz langem Pony.

LOCKENSTAB ODER GLÄTTEISEN
STIELKAMM
HAARNADELN
HAARSPRAY

SO WIRD'S GEMACHT

1. Machen Sie einen Seitenscheitel und nehmen Sie eine recht große Partie Haar heraus. Drehen Sie die Haarspitzen mithilfe eines Lockenstabs oder eines Glätteisens ein, um eine gleichmäßige, hübsche Schnecke zu erhalten (es ist viel einfacher, mit lockigem Haar zu arbeiten als mit glattem).

3. Das Haar von den Fingern ziehen und darauf achtgeben, dass die Spitzen am Haaransatz landen. Die Schnecke schließen, indem sie mit Haarnadeln von oben nach unten befestigt wird.

4. Mit Haarspray fixieren.

2. Den Pony mit einem Stielkamm nach unten und etwas zur Seite kämmen. Dann die Haarsträhne auf zwei Finger rollen – im Uhrzeigersinn für einen Pony auf der linken Seite des Gesichts und umgekehrt für einen auf der rechten Seite.

KRINGEL

Das ist das Kringelchen auf dem i! Schaffen Sie eine elegante Frisur in Sekundenschnelle.

STIELKAMM
LOCKENSTAB ODER GLÄTTEISEN
HAARNADELN
HAARSPRAY

SO WIRD'S GEMACHT

1. Das Haar mit einem Hitzeschutzprodukt vorbereiten, damit es nicht beschädigt wird. Eine Haarpartie von etwa 5 cm an der Stirn mit einem Stielkamm auskämmen. Das Haar mit einem Lockenstab oder einem Glätteisen eindrehen, um es leichter handhaben zu können.

3. Das Haar auf zwei Fingern nach oben eindrehen (wie eine Victory Roll, siehe Seite 60). Die Spitze der Strähne nicht aufrollen, sondern frei an der Seite liegen lassen und dann in die umgekehrte Richtung eindrehen.

2. Das Haar anschließend ganz nah am Haaransatz toupieren, um noch mehr Volumen zu schaffen.

4. Den Kringel zum Scheitel hin schieben und mithilfe von Haarnadeln zwischen den beiden »Schlaufen« befestigen. Mit Haarspray fixieren.

Frisuren, Frisuren, Frisuren

LUXURIÖSE KLEIDER-KREATIONEN IN ALLEN EHREN, ABER NICHTS GEHT ÜBER EINE SCHÖNE FRISUR, MIT DER DAS WERK VERZIERT WIRD. EIN RICHTIGER KOMPLIMENTE-FÄNGER! AUFDREHEN, AUSKÄMMEN UND EINEN NEUEN LOOK SCHAFFEN – IN NUR WENIGEN MINUTEN. ALLES, WAS SIE BRAUCHEN, IST DAS BILLIGSTE UND SMARTESTE ACCESSOIRE DER WELT. IHR HAAR.

WASSER-WELLEN

Elegant und bahnbrechend. Die kühlen 20er-Jahre-Locken sorgten damals für unheimlich Furore. Heute wird die Frisur mit höchster Eleganz assoziiert. Finden Sie Ihren eigenen Wellen-Favoriten.

Sie brauchen

HAARGEL
STIELKAMM
WASSERWELLKLAMMERN
HAARSPRAY

SO WIRD'S GEMACHT

1. Das Haar zur Vorbereitung nass machen (tropfnass ist die Devise) und mit flüssigem Haargel präparieren. Mithilfe eines Stielkamms einen scharfen Seitenscheitel ziehen und dann das ganze Haar gerade nach unten kämmen. Mit der ganzen Handfläche das Haar sanft Richtung Scheitel drücken, um zu sehen, in welche Richtung es sich schiebt, wenn es selbst wählen darf. Dieser Richtung folgen, indem das Haar in Halbkreisen gekämmt wird. Mit dem Daumen drücken, um den bereits gekämmten Teil des Haares am Platz zu halten.

2. Die erste Welle mithilfe von zwei bis drei Fingern festhalten und die nächste Welle in die andere Richtung kämmen. Arbeiten Sie sich so im Zickzack vorwärts. Wenn Sie mit der Anzahl an Wellen zufrieden sind, drücken Sie mit der Handfläche zu, um noch deutlichere Wellen hervorzubringen.

3. Die Wellen mithilfe von sogenannten Wasserwellklammern genau dort festklammern, wo sie die Richtung ändern. Das Haar ganz trocknen lassen. Die Klammern abnehmen und die Wellen vorsichtig auskämmen. Die Frisur mit Haarspray fixieren und anschließend die Klammern wieder an dieselbe Stelle setzen, während das Spray trocknet. Wenn das Haar ganz trocken ist, die Klammern abnehmen und die Frisur ist fertig. Voilà!

GROSSE, WALLENDE LOCKEN

Sie brauchen

MOUSSE ODER HAARFESTIGER
STIELKAMM
LOCKENSTAB ODER LOCKENWICKLER
CLIPS
WASSERWELLKLAMMERN
STYLINGBÜRSTE
HAARSPRAY

2. Die Seiten auf dieselbe Art eindrehen, aber hier sollten die Locken diagonal liegen.

5. Mit Haarspray fixieren, und bevor es getrocknet ist, Wasserwellklammern dort anbringen, wo die Wellen die Richtung wechseln. Versuchen Sie, mithilfe der Wasserwellklammern einen kleinen Hügel einzuklemmen.

SO WIRD'S GEMACHT

1. Das Haar vor Beginn mit Mousse oder Haarfestiger präparieren. Einen Seitenscheitel ziehen und dann das trockene Haar mithilfe eines Lockenstabs oder mit Lockenwicklern eindrehen. Darauf achten, das ganze Haar in dieselbe Richtung einzudrehen, entweder nach vorn oder nach hinten. Versuchen Sie, alle Locken gleich groß zu machen. Die Locken vom Lockenstab oder -wickler ziehen, auf die Finger drehen und mit Clips befestigen. Am Scheitel entlang senkrechte Locken machen.

3. Wenn Sie die hintere Partie erreicht haben, können Sie hier auf zwei verschiedene Arten Locken machen: in waagerechten Stufen für eine weniger ausgeprägte Welle mit mehr Volumen oder in senkrechten Stufen für schärfere Wellen mit weniger Volumen.

4. Wenn die Locken abgekühlt sind, die Clips herausnehmen und die Locken vorsichtig gerade nach unten auskämmen. Die Wellen mit der Handfläche in Richtung zum Scheitel hinauf drücken.

6. Die Klammern herausnehmen, wenn das Spray getrocknet ist. Haarnadeln in der Mitte der Wellen befestigen, wenn sie mehr hervorgehoben werden sollen. Für Glanz und Haltbarkeit ein paar weitere dünne Schichten Haarspray aufsprühen.

FALSCHE WASSER-WELLEN

HITZESCHUTZ
HAARFESTIGER
GLÄTTEISEN
WASSERWELLKLAMMERN
KAMM
HAARSPRAY

SO WIRD'S GEMACHT

1. Das Haar mit Hitzeschutz und Haarfestiger vorbereiten. Darauf achten, dass das Haar trocken ist. Eine Haarsträhne herausnehmen, die ungefähr so breit ist wie die Platten des Glätteisens. Das Haar sanft zum Scheitel hinaufdrücken, um zu sehen, welche Richtung es nimmt. Das Haar weiter hinaufdrücken, sodass es eine C-Form bildet. Mit der anderen Hand mithilfe des Glätteisens die C-Form flach drücken. Das Glätteisen nicht an der Haarsträhne entlangziehen, sondern nur ein paar Mal leicht einklappen. Nach der ersten C-Form das Haar in die andere Richtung nach oben drücken, um umgekehrt ein C zu bilden. Mit dem Glätteisen das neue C ein paar Mal zusammendrücken. Wenn das C fixiert ist, die Strähne wieder nach oben drücken, sodass noch ein weiteres C entsteht. Auf diese Weise bis ganz unten weitermachen – einmal nach rechts, einmal nach links –, bis die Spitze der Strähne erreicht ist.

2. Die Welle abkühlen lassen und dann mit einem Clip befestigen, sodass sie nicht im Weg ist, wenn Sie mit dem restlichen Haar weitermachen. Einen kleinen Teil der gewellten Strähne als Vorlage liegen lassen. Dann Schritt 1 mit einer weiteren Haarsträhne wiederholen und bis zur Spitze der Form der Vorlagesträhne folgen. Dasselbe mit einer beliebigen Anzahl Strähnen machen, wobei zwei bis drei meist völlig ausreichend sind.

Tipp!
Verwenden Sie eine Strasskette als Kopfdekoration, die Sie in der richtigen Länge für Ihren Kopf kürzen! Platzieren Sie sie etwas asymmetrisch über dem Kopf.

3. Wenn die Wellen abgekühlt sind, zu einer einzigen auskämmen. Mit Haarspray fixieren und dann Wasserwellklammern an die Stellen setzen, an denen die Wellen die Richtung wechseln. Die Klammern herausnehmen, wenn das Spray getrocknet ist.

STARLET'S CURLS

Frech und gleichzeitig sinnlich. Der 30er-Jahre-Wuschelkopf ist das Selbstvertrauen in Frisurform.

**HITZESCHUTZ
BEHEIZBARE PAPILLOTEN ODER SCHAUMSTOFFWICKLER
NATURBÜRSTE
STIELKAMM
GLÄTTEISEN
HAARSPRAY**

SO WIRD'S GEMACHT

1. Das Haar mit einem Hitzeschutzprodukt vorbereiten, damit es keinen Schaden nimmt. Das trockene Haar auf beheizbare Papilloten drehen und vor dem Herausnehmen ganz abkühlen lassen. Immer mit der Haarspitze und am Oberkopf beginnen. Man kann das Haar auch feucht auf normale Papilloten oder Stoffreste (Rag Curls) drehen und warten, bis es ganz getrocknet ist.

2. Die Locken vorsichtig mit einer Naturbürste auskämmen, dann wird das Haar etwas wuschelig. Nicht jede Locke für sich kämmen, sondern alle zusammen. In dieser Frisur zählen wilde Locken. Die Haarspitzen mithilfe eines Stielkamms etwas toupieren, um noch mehr Volumen zu schaffen.

3. Mit dem Glätteisen auf jeder Seite des Gesichts eine Welle machen (siehe Falsche Wasserwelle auf Seite 53).

4. Die Locken mit den Fingern anheben und leicht mit Haarspray besprühen. Dabei mehrere dünne Schichten Spray auftragen, um Volumen zu schaffen.

5. Eine andere, etwas ungewöhnliche Art, solche kleinen Locken zu machen, ist, das Haar auf ein Metallwerkzeug nach Wahl aufzudrehen, z. B. auf einen Schraubenzieher. Wenn das Haar auf den Schraubenzieher gedreht ist, rundherum mit dem Glätteisen drücken, von mehreren Richtungen und mehrere Male. Anschließend das Haar vom Werkzeug lösen und durchkämmen.

Pile of Curls

EINE KRONE AUS LOCKEN

PILE OF CURLS

Der Gedanke ist einfach – Locken auf einem Haufen –, aber die Frisur Pile of Curls sieht mächtig mondän aus. Beeindruckend, auffallend und kriminell schick.

Sie brauchen

HITZESCHUTZ
LOCKENSTAB ODER GLÄTTEISEN
STIELKAMM
GROSSE CLIPS
HAARNADELN
HAARSPRAY

SO WIRD'S GEMACHT

1. Das Haar mit einem Hitzeschutzprodukt vorbereiten, damit es keinen Schaden nimmt. Die Haarspitzen mithilfe eines Lockenstabs oder eines Glätteisens nach innen eindrehen (zum Gesicht hin).

2. Das Haar mithilfe eines Stielkamms von Ohr zu Ohr teilen, sodass Sie eine vordere und eine hintere Partie erhalten. Die vordere Partie zum Gesicht hin ziehen und mit großen Clips auf jeder Seite befestigen. Auf diese Art ist das Haar nicht im Weg, wenn Sie mit dem hinteren Haar arbeiten. Nun erneut das Haar im Nacken mithilfe des Stielkamms in der Mitte teilen. Die obere Partie nach oben ziehen und mit Clips befestigen. Nun können Sie mit der Arbeit an der unteren Partie beginnen.

3. Die untere Sektion nach oben kämmen. Das Haar in einem Pferdeschwanz zusammenfassen und einmal herumdrehen. Über der gedrehten Strähne zwei oder mehr Haarnadeln befestigen – von jeder Seite mindestens eine. Durch das Kreuzen von zwei Haarnadeln schließt man sie, und das Resultat wird stabiler. Die Haarnadeln sollten dicht am Haaransatz sitzen. Eine Alternative zu Haarnadeln ist, eine hübsche Spange über die gedrehte Strähne zu setzen.

4. In die Spitze der eingedrehten Strähne einen Loop in eine beliebige Richtung machen und diesen genau über den gekreuzten Nadeln platzieren, sodass sie bedeckt werden. Eine oder mehrere Haarnadeln innen im Loop befestigen, um ihn am Platz zu halten.

5. Die Clips in der oberen Haarpartie am Hinterkopf lösen. Den Abschnitt in neue, kleinere Partien teilen. Nehmen Sie gerne diagonale Strähnen, dann sieht man die Teilungen in der fertigen Frisur weniger.

6. Falls Sie mehr Volumen wollen, die Haarsträhnen toupieren, bevor Sie sie zu Loops eindrehen. Anschließend mithilfe von zwei Fingern Loops drehen. Die Loops so platzieren, dass sie gut Platz haben und hübsch aussehen. Versuchen Sie, mal mit der rechten und mal mit der linken Hand einzudrehen. Den Loop sanft von den Fingern ziehen und darauf achten, dass die Haarspitze unter dem Loop am Kopf anliegt. Den Loop wie eine Rolle stehen lassen und dann innen mit Nadeln befestigen.

7. Die Clips im Seitenhaar entfernen. Leicht kämmen und dann in kleinere Partien teilen.

8. Nach demselben Prinzip vorgehen wie bei Victory Rolls (siehe Seite 60). Die Loops auf zwei Finger drehen. Auf der linken Seite im Uhrzeigersinn und auf der rechten gegen den Uhrzeigersinn. Dann das Haar sanft von den Fingern ziehen und das letzte Stück einrollen. Wenn der Loop fertig ist, kippen Sie ihn nach hinten. Ganz oben im Loop ein oder zwei Haarnadeln befestigen, allerdings weiter innen, sodass sie weniger sichtbar sind.

9. Der Pony auf dem Bild (siehe Seite 56) ist wie eine Seitenrolle gemacht (siehe Seite 43).

10. Fixieren, indem das ganze Haar mit Haarspray eingesprüht wird. Arbeiten Sie mit dünnen Schichten, die zusammen Stabilität geben.

Tipp!

Einen Pile of Curls zu machen ist ein bisschen, wie ein Puzzle zusammenzusetzen. Wenn die Frisur am Ende nicht gut wird, brauchen Sie nicht alles wieder aufzulösen. Lösen Sie stattdessen lediglich einen Loop, der Ihnen nicht gefällt, und machen Sie ihn noch einmal oder wechseln Sie die Richtung.

Victory Rolls

SCHARFER
VINTAGE-LIEBLING

VICTORY ROLLS

Rollen Sie Ihr Haar zu der am meisten vor Siegesfreude strotzenden Frisur des 20. Jahrhunderts – Victory Rolls, einem richtigen Vintage-Liebling.

**LOCKENSTAB ODER GLÄTTEISEN
STIELKAMM
HAARNADELN
HAARSPRAY**

SO WIRD'S GEMACHT

1. Die Spitzen mit Lockenstab oder Glätteisen eindrehen, um die nächsten Schritte zu vereinfachen (siehe Seite 32/33). Mithilfe eines Stielkamms genau über dem Ohr eine Haarpartie herausnehmen. Das Haar ganz nah am Haaransatz leicht toupieren, um mehr Volumen zu schaffen.

2. Die Haarsträhne auf zwei Finger drehen. Auf der linken Seite im Uhrzeigersinn, auf der rechten gegen den Uhrzeigersinn. Wenn Sie Rechtshänder sind, ist es am einfachsten, die rechte Hand als Spule zu benutzen, und umgekehrt.

3. Anschließend das Haar sanft von den Fingern ziehen und den Loop das letzte Stück einrollen.

4. Den Loop nach hinten kippen und darauf achtgeben, dass die Haarspitzen darunter landen (am Kopf), sodass man sie nicht sieht.

Tipp!

Die Seitenpartien in zwei Teile teilen und auf jeder Seite zwei Loops machen, dann erhalten Sie eine spielerische Alternative dieser klassischen Vintage-Frisur.

5. Eine oder zwei Haarnadeln ganz oben im Loop befestigen, am besten ein Stück weiter innen, sodass sie weniger sichtbar sind. Die Haarnadel gut im vorderen Teil des Loops befestigen und im hinteren Teil nur durch die Hälfte der Breite stechen. Auf diese Art ist der hintere Teil des Loops etwas lockerer und gibt der Frisur mehr Volumen.

6. Den Pony nach Belieben stylen (siehe Seite 40). Auf dem Bild ist er zu einem nach unten und zwei nach oben führenden Loops gestylt worden. Für die nach oben führenden Loops gehen Sie genauso vor wie bei den Victory Rolls (siehe Seite 62). Der nach unten führende Loop wird in die entgegengesetzte Richtung eingedreht, also rechts im Uhrzeigersinn und links gegen den Uhrzeigersinn. Den Loop innen mit Haarnadeln befestigen.

7. Mit Haarspray fixieren.

POODLE MIT SWEEP-UP

Nassforsch und schön – im wahren Lucille-Ball-Stil. Die Poodle-Frisur leuchtet förmlich vor Unabhängigkeit und Rock 'n' Roll.

Sie brauchen

HAARMOUSSE ODER HAARFESTIGER
KLEINEN LOCKENSTAB ODER KLEINE LOCKENWICKLER
CLIPS
HAARKÄMME
HAARNADELN
HAARSPRAY

SO WIRD'S GEMACHT

1. Haarmousse oder Haarfestiger ins Haar einmassieren und sicherstellen, dass das Haar komplett trocken ist. Das Haar mit einem dünnen Lockenstab eindrehen oder alternativ das nasse Haar auf kleine Wickler rollen. Mit Volumen eindrehen, d. h. der Lockenstab kommt unter die Haarsträhne und nicht darüber.

3. Einen Clip unten in die Locke setzen und abkühlen lassen.

verliert. Die ganze Vorderpartie in dieselbe Richtung eindrehen, entweder nach links oder nach rechts.

2. Warten, bis die Hitze des Lockenstabs durch das Haar gedrungen ist. Dann die Locke von der Zange ziehen, indem sie ein paar Mal vorsichtig geöffnet wird. Die Locke auf die Finger rollen, sodass sie ihre Form nicht

4. Auf diese Weise mit dem restlichen Haar fortfahren. Die lange hintere Partie nach hinten und die Seiten nach unten eindrehen. Dieses Muster ebenfalls befolgen, wenn Sie stattdessen das Haar nass auf Lockenwickler gedreht haben. Warten Sie in dem Fall, bis das Haar ganz trocken ist, und fahren Sie dann mit den restlichen Instruktionen wie folgt fort.

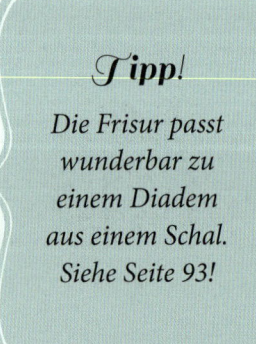

Tipp!

Die Frisur passt wunderbar zu einem Diadem aus einem Schal. Siehe Seite 93!

5. Die Clips herausnehmen, wenn das Haar ganz abgekühlt ist (bzw. die Lockenwickler, wenn die Haare ganz trocken sind). Mit den Fingern durch das Haar gehen, um die Locken zu teilen.

6. Das Haar an den Seiten hochziehen und einen Haarkamm an jeder Seite befestigen. Dafür den Kamm nach oben ziehen und dann wieder nach unten stecken, damit er fest sitzt.

8. Wenn Sie eine ganze Hochsteckfrisur machen wollen, können Sie einen sogenannten »Sweep-up« im Nacken machen. Dazu die ganze hintere Haarpartie nach oben kämmen und eine Drehung eindrehen.

7. Die Locken oben auf dem Kopf zusammendrücken und im Inneren des Lockenbergs Haarnadeln befestigen, ohne sie zu sehr zu zerdrücken. Die Haarnadeln so nah wie möglich an den Haaransatz setzen und mit Haarspray fixieren.

9. Genau über der Drehung einen Haarkamm hineinsetzen und die Locken darüber separieren. Die Frisur falls nötig mit Haarnadeln verstärken. Zum Abschluss ein paar dünne Schichten Haarspray aufsprühen.

SO WIRD'S GEMACHT

1. Das Haar mit einem Hitzeschutzprodukt vorbereiten, um Schäden am Haar zu vermeiden. Die Haarspitzen mit einem Lockenstab oder einem Glätteisen eindrehen, um die Rolle am Ende leichter glatt zu bekommen. Man kann diese Frisur natürlich auch mit glattem oder naturgewelltem Haar machen, aber um den Prozess zu vereinfachen, empfehle ich immer, es zuerst einzudrehen.

2. Das Haar mithilfe des Stiels eines Stielkamms von Ohr zu Ohr teilen. Das Seitenhaar zum Gesicht hin ziehen und mit großen Clips befestigen. Das Haar wie gewünscht stylen, beispielsweise lassen sich hieraus Victory Rolls (siehe Seite 60) machen.

3. Eine dünne Strähne hinter jedem Ohr herausnehmen. Die eine Strähne mit einer Haarnadel auf der entgegengesetzten Seite im Nacken befestigen. Dann die andere Strähne nehmen und die erste kreuzen. Auf der gegenüberliegenden Seite befestigen. Jetzt haben Sie eine stabile Basis geschaffen.

4. Die ganze hintere Haarpartie zu einem großen Loop rollen. Dabei die rechte Hand als Spule verwenden, diesmal drei oder vier Finger. Die Rolle mit dem Daumen zusammenhalten und ganz nach oben in den Nacken rollen.

5. Die Finger aus dem Loop nehmen und die Rolle mit der linken Hand halten, während Sie mit der rechten Hand Haarnadeln im Inneren befestigen. Am besten hoch oben, sodass die Rolle Spannkraft erhält. In jede Richtung mehrere Nadeln hineinstecken. Dann die Rolle an den Seiten nach Belieben breit ziehen.

6. Mit Haarspray fixieren.

GIBSON TUCK

Stecken Sie Ihr Haar in einer 40er-Jahre-Rolle hoch – einfach, pfiffig und hübsch im Alltag wie zum Fest.

Sie brauchen

HITZESCHUTZ
LOCKENSTAB ODER GLÄTTEISEN
STIELKAMM
GROSSE CLIPS
HAARNADELN
HAARSPRAY

Tipp!

Für einen sommerfrischen Look einfach Blumen an der Seite der Rolle befestigen. Zum Selbermachen siehe Seite 100.

SIDE TWIST
Rolle an der Seite

Die einfachste aller Frisuren? Natürlich die Seitenrolle. Eindrehen, befestigen und voilà!

**STIELKAMM
HAARNADEL ODER HAARSPANGE**

2. Das Haar nach oben und hinten eindrehen.

SO WIRD'S GEMACHT
1. Auf jeder Seite des Gesichts mithilfe eines Stielkamms genau hinter dem Ohr nach oben eine Haarpartie abtrennen.

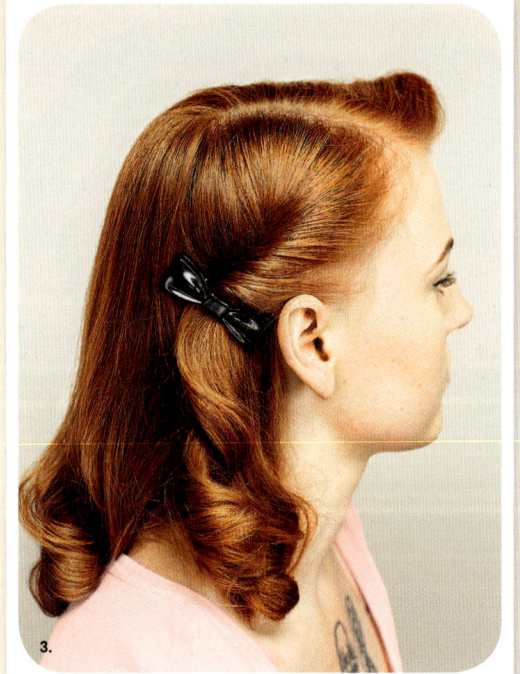

3. Das eingedrehte Haar nach vorn zum Gesicht hin schieben. Eine Haarnadel oder eine hübsche Spange genau hinter die Rolle setzen.

SO WIRD'S GEMACHT

1. Folgen Sie Schritt 1 bis 3 der Anleitung für die Gibson Tuck (siehe Seite 68/69). Dann das Haar am Hinterkopf in drei oder vier Partien aufteilen.

2. Auf der einen Seite beginnen. Je nachdem, wie groß die Loops am Ende sein sollen, zwei bis drei Finger als Spule verwenden und das Haar aufwickeln. Verwenden Sie die linke Hand für linksgerichtete Loops und die rechte Hand für rechtsgerichtete.

3. Achten Sie darauf, dass die Haarspitzen in der Innenseite des Loops landen, wenn Sie das Haar von den Fingern ziehen. Anschließend den Loop an den Kopf legen und innen mit einer oder mehreren Haarnadeln befestigen. Von oben nach unten, leicht schräg, sodass die Haarnadel versteckt wird und der Loop nicht herunterfällt.

4. Mit den restlichen Partien fortfahren. In dieselbe Richtung eindrehen und dicht nebeneinander befestigen. Mit Haarspray fixieren.

NECK PIN CURLS

Loops im Nacken

Drehen Sie sich in drei Schritten eine romantisch-schöne Festfrisur. Einfach und doch glamourös!

HITZESCHUTZ
LOCKENSTAB ODER GLÄTTEISEN
STIELKAMM
CLIPS
HAARNADELN
HAARSPRAY

Tipp!

Hochzeit? Weiße Perlen auf kleine U-Nadeln auffädeln und in und um die Loops befestigen.

CHIGNON

Ein normaler Haarknoten kann – mit etwas Liebe – wie eine aparte Hochsteckfrisur aussehen. Drehen, befestigen und voilà – ein Chignon!

HAARGUMMI
HAARNETZ
HAARNADELN ODER U-NADELN

SO WIRD'S GEMACHT

1. Das Haar zu einem tief sitzenden Pferdeschwanz binden, entweder in der Mitte oder an der einen Seite des Kopfes. Ein Haarnetz darüberziehen und mit einer Haarnadel unter dem Pferdeschwanz befestigen.

3. Die Schlinge mit der einen Hand festhalten und mit der anderen Hand Haarnadeln um den Rand setzen. Sie können entweder normale Haarnadeln oder U-Nadeln verwenden, abhängig von der Struktur des Haares. Oder Sie verwenden einen Mix aus beiden Varianten.

4. Den Knoten verzieren, beispielsweise mit Federn. Anleitungen für die Welle im Pony, wie Sie sie auf Seite 73 sehen, finden Sie auf Seite 53.

2. Das Haar mit dem Netz zu einer Schlinge drehen. Probieren Sie verschiedene Richtungen aus, um zu sehen, was am schönsten wirkt.

DUTT MIT DUTTKISSEN

HAARGUMMI
DUTTKISSEN
U-NADELN

SO WIRD'S GEMACHT
1. Das Haar mit einem Haargummi zu einem hohen Pferdeschwanz binden. Das Duttkissen darüberziehen und direkt am Kopf platzieren.

3. Eine neue Haarsträhne nehmen und die Prozedur wiederholen. Auf diese Weise rundherum fortfahren, bis das Haar, das vorher im Pferdeschwanz war, nun um das Duttkissen liegt.

2. Eine Haarsträhne aus dem Pferdeschwanz nehmen und um das Duttkissen zum Kopf hin einrollen. Die Haarsträhne mit einer U-Nadel im Duttkissen feststecken.

4. Die letzte Strähne als Dekoration verwenden, indem Sie sie um das Duttkissen winden (in der Spalte zwischen Dutt und Kopf). Fertig!

Tipp!

Binden Sie zum Schluss ein Seidenband um den Dutt. Das macht einen edlen Eindruck und versteckt eventuelle kleine Fehler.

FRENCH TWIST

Ein zeitloser Klassiker, der genauso Femininität wie Kraft ausstrahlt. Tragen Sie ihn hoch oder tief – es ist egal, solange Sie ihn erhaben und selbstsicher tragen!

**HITZESCHUTZ
LOCKENSTAB ODER GLÄTTEISEN
STYLINGBÜRSTE
HAARNADELN
CLIP
STIELKAMM
HAARSPRAY**

SO WIRD'S GEMACHT

1. Das Haar vor Beginn mit einem Hitzeschutzprodukt vorbereiten, damit es keinen Schaden nimmt. Anschließend die Spitzen mit einem Lockenstab oder einem Glätteisen nach innen eindrehen.

3. Das gesamte hintere Haar auf eine Seite bringen und Haarnadeln in einer Reihe von unten nach oben platzieren. Dabei die Nadeln ein wenig überlappen lassen, sodass keine Lücken entstehen.

2. Mithilfe des Stiels eines Stielkamms eine Einteilung von Ohr zu Ohr machen. Die vordere Partie mit einem Clip nach oben stecken, um mit dem restlichen Haar zu beginnen. Das Haar ganz unten am Haarboden in senkrechten, dünnen Strähnen toupieren. Die Oberfläche durch leichtes Kämmen mit einer Bürste ein wenig glätten.

4. Das hintere Haar nehmen, zu einer Tüte zusammendrehen, bei der die Spitzen ganz innen sitzen. Die konisch geformte »Tüte« sollte ihren breitesten Teil oben und ihren schmalsten unten haben. Die Tüte mithilfe von Haarnadeln innen und am »Rand« entlang befestigen.

5. Den Clip der oberen Haarpartie entfernen. In drei Teile teilen: einer in der Mitte und zwei an den Seiten. Mit der Mittelpartie beginnen und waagerecht toupieren. Die Oberfläche vorsichtig bürsten, bis sie glatt ist.

6–7. Einen großen Loop aus der Mittelpartie drehen, zum Kopf hin, mit den Spitzen nach innen. Den Loop über der Tüte befestigen, indem Sie in seinem Inneren Haarnadeln platzieren.

8–9. Die Seitenpartien nehmen und auf beiden Seiten Loops drehen. Auf der rechten Seite im Uhrzeigersinn und auf der linken gegen den Uhrzeigersinn eindrehen. Die seitlichen Loops am besten so nah wie möglich am mittleren Loop befestigen, sodass sie zusammen ein Grüppchen bilden. Lediglich in eine Seite des Loops Haarnadeln stecken, sodass er luftig und nicht platt wird. Auf der anderen Seite wiederholen. Alternative: Die Seiten innen in der »Tüte« befestigen.

10. Den Pony nach Belieben befestigen, beispielsweise als Kringel (siehe Seite 45). Die Haarnadeln durch den halben Loop führen, dann sitzt der Loop fest und die Haarnadeln sind gleichzeitig verborgen. Mit Haarspray fixieren.

Die Schleife
HÜBSCH VERPACKT

DIE SCHLEIFE

Setzen Sie sich eine Schleife auf den Kopf. Ein neu-alter Klassiker, spielerisch, poppig und äußerst raffiniert.

HAARGUMMI
CLIP
HAARNADELN
HAARSPRAY

SO WIRD'S GEMACHT
1. Einen Pferdeschwanz ganz oben auf dem Kopf machen, so hoch, wie es geht. Ganz vorne eine kleine Strähne herausnehmen und mit einem Clip weghalten. Anschließend das restliche Haar in zwei Teile teilen.

2. Das Haar zu zwei großen Loops formen und die Spitzen ganz nach hinten biegen. Eine Seite nach der anderen befestigen und die Loops an den Kopf herunterdrücken, sodass keine Spalten sichtbar sind. Haarnadeln möglichst nah am Haaransatz befestigen, ein paar in jedem Loop.

3. Die Strähne vom Anfang nehmen. Den Clip lösen und die Strähne mittig nach vorne halten. Nah am Pferdeschwanz eine Haarnadel quer über die Strähne setzen.

4. Die Strähne zurückfalten, zwischen den beiden Loops platzieren und mit einer Nadel hinten befestigen. Darauf achten, dass die Haarspitzen nach innen gebogen sind. Die »Mittelsträhne« zurechtrücken und die Loops zur gewünschten Schleife ziehen. Mit Haarspray in dünnen Schichten fixieren.

BEEHIVE

Beehive, oder Bienenkorb, ist ein Favorit der 60er-Jahre. Um ungeahnte Höhen zu erreichen, wurde die Frisur mit Brotlaiben und Brötchen ausgestopft. Inzwischen gibt es künstliches Füllmaterial und vor allem besseres Haarspray. Also essen Sie das Brötchen lieber und sprühen Sie ein bisschen mehr.

Sie brauchen

HITZESCHUTZ
LOCKENSTAB ODER GLÄTTEISEN
STIELKAMM
HAARNADELN
NATURBÜRSTE
HAARSPRAY

SO WIRD'S GEMACHT

1. Das Haar vor Beginn mit einem Hitzeschutzprodukt vorbereiten, sodass es keinen Schaden nimmt. Dann die Spitzen mit einem Lockenstab oder Glätteisen nach innen oder nach außen eindrehen.

2. Vom Pony bis zur Hälfte des Nackens das gesamte Haar toupieren. Die Strähnen aufrecht nach oben halten, am Haarboden fest und weiter außen etwas lockerer toupieren. Jede Strähne mit Haarspray einsprühen.

3. Das Haar an den Seiten fast bis zum Ohr herunter toupieren. Im selben Winkel wie das Deckhaar – gerade nach oben.

4. Den Pony federförmig stylen, indem das Glätteisen schräg nach hinten gezogen und dabei eine halbe Drehung nach innen eingedreht wird.

5. Die Haaroberfläche vorsichtig mit einer Naturbürste kämmen. Dabei nicht zu viel Druck ausüben.

6. Die Hälfte des zurückgekämmten Haares nehmen und zu einem Loop drehen. Den Loop innen mit einer Haarnadel befestigen. Mit dem restlichen Haar wiederholen. Alternativ alles mit einer hübschen Spange befestigen.

7. Die Spitzen vom unteren Haar nach außen kämmen. Mit Haarspray abschließen.

SO WIRD'S GEMACHT

1. Das Haar vor Beginn mit einem Hitzeschutzprodukt vorbereiten. Anschließend mit dem Lockenstab, dem Glätteisen oder den Heißwicklern das Seitenhaar zu den Seiten hin eindrehen und die obere Haarpartie gerade nach oben und hinten eindrehen. Das gibt der Frisur am Ende mehr Volumen.

2. Alle Locken nach innen eindrehen mit Ausnahme der letzten Reihe ganz unten am Haaransatz im Nacken. Diese wird nach außen eingedreht.

3. Die Prozedur am ganzen Haar wiederholen. Jede Locke mit einem Clip nahe am Haaransatz befestigen, sodass sie abkühlen kann. (Wenig Zeit? Dann überspringen Sie diesen Schritt.)

4. Den Pony in drei Partien eindrehen. Mit der Mittelpartie beginnen und dann mit den äußeren weitermachen. So vermeiden Sie Lücken im Pony.

5. Wenn das Haar abgekühlt ist, die Locken lösen. Das gesamte Haar mit einer Stylingbürste nach hinten kämmen. Zum Abschluss die Spitzen nach außen drehen.

JACKIE-BOUFFANT

Der unglaublich populäre Jackie-Bouffant ist von der amerikanischen Präsidentengattin Jackie Kennedy inspiriert, die diese Frisur berühmt machte.

**HITZESCHUTZ
LOCKENSTAB, GLÄTTEISEN ODER HEISSWICKLER
STYLINGBÜRSTE
CLIPS
STIELKAMM**

6. Das Haar am Hinterkopf in dünnen Strähnen toupieren, ungefähr bis zur Hälfte des Nackens. Die Oberfläche vorsichtig bürsten und anschließend die Frisur durch viele dünne Schichten Haarspray fixieren.

BEATNIK'S TAIL

Der Pferdeschwanz – gerne in Kombination mit einem Bettie-Page-Pony – wippte in der Mitte des letzten Jahrhunderts und wurde zum Symbol für die entstehende Jugendrevolte. Trotzig und scharf in all seiner Einfachheit.

Sie brauchen

HITZESCHUTZ
LOCKENSTAB ODER GLÄTTEISENSTYLINGBÜRSTE
HAARNADELN
HAARGUMMI

SO WIRD'S GEMACHT

1. Das Haar mit einem Hitzeschutzprodukt vorbereiten. Anschließend die Spitzen mithilfe eines Lockenstabs oder eines Glätteisens eindrehen. Wenn die Locken abgekühlt sind, mit einer Stylingbürste durchkämmen.

3. Die andere Nadel genau unter dem Gummi ins Haar drücken. Auf diese Art schließen Sie die Frisur und bekommen einen glatteren Pferdeschwanz als Resultat.

2. Eine Haarnadel an jede Seite eines Haargummis stecken. Dann einen hohen Pferdeschwanz zusammenbürsten und die Hand in einem stabilen Griff um den Schwanz halten. Die eine Nadel in den oberen Teil des Pferdeschwanzes drücken, nah am Haaransatz. Dann das Haargummi mehrmals um den Pferdeschwanz wickeln, bis es nicht mehr geht.

4. Eine Strähne aus dem Pferdeschwanz nehmen und um das Gummi wickeln, um es zu verbergen. Die Spitze der Strähne mit einer zusätzlichen Haarnadel im Pferdeschwanz befestigen.

Tipp!

Zum Pferdeschwanz passt perfekt ein Bettie-Pony (siehe Seite 41). Teilen Sie den Pony hier und da ein bisschen, sodass die Stirn hervorlugt. Zum Fixieren dünne Schichten Haarspray aufsprühen.

Colorierte Trends

VOM KOHLSCHWARZEN BOB BIS ZUM PLATINBLONDEN
WUSCHELKOPF UND WEITER ZU BRAUNEM
40ER-JAHRE-HAAR UND BLONDEN GRANATEN.
DIE TRENDIGEN HAARFARBEN HABEN EINANDER
ABGELÖST.

Platinblond, feuerrot oder nüchtern schwarz. Die Sehnsucht nach einer anderen Haarfarbe ist nicht neu. Im Gegenteil. Die weiße Perücke des 18. Jahrhunderts ist ein Symbol dafür, genau wie all die Haarsträhnen, die in mehreren tausend Jahren gefärbt wurden, mit mehr oder weniger geglücktem Resultat. Auf dem Weg dorthin hat das Haar mal Feuer gefangen, mal ist es verätzt worden – und mal wurde es von der ganzen Welt bewundert. Das Haar zu färben war nicht immer so einfach wie der Kauf eines Päckchens Haarfarbe im Supermarkt oder ein Friseurbesuch mit einer Tasse Kaffee.

Seit mehreren hundert Jahren wird sowohl mit Hennafarbe aus Pflanzenpulver als auch mit zweifelhaften Chemikalien herumgemixt. Erst zu Beginn des 20. Jahrhunderts, genauer gesagt 1907, wurde die erste synthetische Haarfarbe erfunden.

Während der 20er-Jahre soll das Haar sündig schwarz sein, was gut zu dem neuen Jungenmädchen passt, das die steife edwardianische Ära bereits mit seiner bloßen Erscheinung erschüttert. Das Haar wird mit Henna zu einem rotbraunen Ton oder in Kombination mit Indigo zu der schwarzen Nuance gefärbt.

Als die 20er-Jahre in die 30er-Jahre übergehen, übernehmen andere Farben. *Vor Blondinen wird gewarnt* kommt 1931 mit einer fast weißhaarigen **Jean Harlow** in der Hauptrolle auf die Leinwand und steckt schnell eine ganze Welt in Brand. Zumindest fast. Denn Frauen pilgern in die Friseursalons und verlassen sie mit Kopfschmerzen, geschwollenen Augenlidern und Ausschlag auf der Stirn. Aber blond sind sie! Die Blondierung zu mischen erfordert die exakte Dosierung von Wasserstoffperoxid und Ammoniak – mit einem gewissen Risiko, dass es schiefläuft und die Haut verätzt wird. Aber was tut man nicht alles für die Schönheit?

In den Rationierungszeiten der 40er-Jahre wird das Ideal wieder dunkler. **Ava Gardner** und **Katharine Hepburn** sind die dunkelhaarigen Stilikonen dieser Epoche.

Nach dem Zweiten Weltkrieg ist die dunkle Mystik wie weggeblasen, und stattdessen wollen alle Frauen wie die Granate **Marilyn Monroe** aussehen. Platinblondes Haar ist ganz plötzlich brandheiß. Gleichzeitig posaunen die Werbeplakate »Is it true … blondes have more fun?« und die blonden Haare werden noch populärer, als *Blondinen bevorzugt* 1953 in die Kinos kommt. Die Haarmanie geht weiter und so versucht der Nachfolger *So liebt man in Paris* drei Jahre später, das blondierte Ideal auszubalancieren. In den 50er-Jahren schließlich wird auch die Art von Haarfarbe lanciert, wie wir sie heute kennen: fertig verpackt, relativ sicher, und aus Chemikalien, die dem Benutzer (hoffentlich) die Farbe geben, die auf dem glänzenden Karton abgebildet ist.

Sprayfarbe für die Haare ist auch ein Produkt dieser Epoche. Beim Film – der nun in Farbe ist – wird Sprayfarbe benutzt, um sowohl der Frisur als auch der Farbe das gewisse Etwas zu geben. Das Gerücht über diese wunderbare Farbexplosion verbreitet sich außerhalb der Leinwand, und bald will jede Frau ihre Haarfarbe verbessern und bei Festen aussehen wie ein colorierter Filmstar.

In den 60er-Jahren muss feuerrotes und platinblondes Haar zugunsten des natürlichen Haartons zurückstehen. Der Trend ist nun, dass das Haar so gesund wie möglich aussieht.

Der Traum von einer neuen Haarfarbe ist in den letzten Jahrzehnten unheimlich stark gewesen. Um diesen Haartraum zu verwirklichen, wurden Haarsträhnen und manchmal ganze Haarmassen geopfert. Alles im Namen der Schönheit. Aber es war auch eine der wenigen Möglichkeiten, die Frauen gegeben waren, um ihre Kreativität und Persönlichkeit zu zeigen.

Hüte – das Tüpfelchen auf dem i

HUTTRENDS

HÜTE SPIELEN IN DER FRISURENGESCHICHTE EINE WICHTIGE ROLLE. EINEN HUT ZU TRAGEN IST BIS IN DIE 50ER-JAHRE EIN MUSS, OHNE HUT VOR DIE TÜR ZU GEHEN GILT ALS VÖLLIG INAKZEPTABEL. FRISURENMODE UND HUTTRENDS GEHEN IN DIESER BEHÜTETEN PERIODE HAND IN HAND.

1910ER-JAHRE

Um 1910 sind die Hüte riesig. Die Krempen sind mit Unmengen von Federn, Seidenblüten und Bändern geschmückt. Um diese großen Hüte aufzubehalten, werden lange Hutnadeln verwendet – diese sind in der Not auch als Waffe verwendbar. Im Ersten Weltkrieg werden die Hüte kleiner, sitzen tiefer (sodass die Hüte fest sitzen und nicht wegfliegen, wenn die Frauen in offenen Autos fahren) und sind mit Federbüschen und zierlichen Dekorationen besetzt.

1920ER-JAHRE

Der Hut rutscht weiter und weiter nach unten, um allmählich den ganzen Kopf zu bedecken. Der Glockenhut hat das Licht der Welt erblickt. Die Krempen sind schmal oder nicht existent, außer im Sommer, wenn ausladende Krempen wie eine Art Visier gegen die Sonnenstrahlen fungieren. Glockenhüte, aber auch Turbane passen ausgezeichnet zu der herrschenden Frisurenmode. Ein paar Haarsträhnen aus dem trendigen Bob ragen an den Wangen heraus und geben dem Gespann den letzten Schliff.

1930ER-JAHRE

Während der 1930er-Jahre, der Blütezeit der Hüte, werden die Hüte kleiner und liegen wie kleine Kunstwerke auf den wohlfrisierten Köpfen. Die Formen der Hüte werden sprudelnd erfinderisch, spielerisch und surrealistisch. Nicht zuletzt durch die Modeschöpferin **Elsa Schiaparelli**, die Hüte als Kunstwerke schafft.

Auch breitkrempige Hüte, sogenannte Schlapphüte, kommen in Mode und passen äußerst gut mit der sinnlichen Kleidermode zusammen. An warmen Sommertagen fungieren sie als brauchbarer Sonnenschirm.

1940ER-JAHRE

Während der 1940er-Jahre werden die Hüte etwas abenteuerlicher – im Stil von **Indiana Jones** – und variieren in der Form. Der Hut ist – wie die Frisur – die beste Art, um das Vorjahresoutfit aufzuwerten. Es gibt Hüte für alle Gesichtsformen und Frisuren. Haar und Hut in Harmonie zu formen ist eine Art, stilistisch kreativ zu sein.

Der Fedora-Hut – der sowohl von Männern als auch von Frauen getragen wird – ist ein Neuzugang an der Hutfront und muss sich mit einer neuen Variante des Bonnet-Huts, dem Halo-Hut (der den Kopf wie ein Heiligenschein umrahmt) und dem »Puppenhut« (einem kleinen Strohhut, der in die Stirn gezogen wird) um den Platz auf dem Kopf schlagen. Wenn das Hutbudget ausgegeben ist, stellen viele Frauen aus abgelegten Kleidungsstücken ihre eigenen Hüte her.

1950ER-JAHRE

Nach dem Zweiten Weltkrieg entscheiden sich immer mehr Frauen dafür, im Alltag nicht immer einen Hut zu tragen. Um Käufer anzulocken, werden die Hüte mit immer mehr Variation und Luxus gemacht. Die maskulinen Fedora-Hüte machen expressiven Cartwheel-Hüten, Pancake-Hüten und nicht zuletzt dem Turban Platz.

Zu Hause tragen die Frauen ein Kopftuch, um ihre Locken zu schützen, etwas, was von der Erwerbstätigkeit der Frauen übrig geblieben ist. Natürlich arbeiten die Frauen immer noch, aber unbezahlt. Und zuhause.

1960ER-JAHRE

Die Frisuren wachsen, wachsen und wachsen. Die wichtige Rolle, die der Hut jahrzehntelang gespielt hat, weicht enormen Toupierungen und Bienenkörben. Die einzigen Hüte, die einschlagen, sind **Jackie Kennedys** berühmte Pillendosen auf einer großen, toupierten 60er-Jahre-Frisur, und Baskenmützen. Danach gilt die folgende Regel: Das Haar ist der neue Hut.

SCHÜTZENDE TUCHMAGIE

Verändern Sie Ihren Look mit einem »Rosie the riveter«-Tuch im Haar. Ein Klassiker aus den 40er-Jahren. Das Knüpfen des Tuchs lässt sich mit verschiedenen Knotentechniken und Tuchmustern bis in die Unendlichkeit variieren. Hier zeigen wir drei schöne Tuchfavoriten.

Um die Frauen während des Zweiten Weltkriegs zur Arbeit zu locken, wird in Amerika die Kampagne »Rosie the riveter« lanciert – auf Deutsch: »Rosie, die Nieterin«. Eine starke Frau mit angespanntem Bizeps ruft »We can do it« von den Werbeplakaten. »Rosie the riveter« wird zum Symbol für weibliche Kraft, und ihr Look – Blaumann mit Tuch im Haar – wird Mode. Die Tücher werden in erster Linie aus Sicherheitsgründen innerhalb der Fabriken getragen, aber die Frauen merken schnell, dass sie ihre Locken während des ganzen Arbeitstags intakt halten können, wenn sie sie mit einem Tuch schützen.

HÜBSCHER TURBAN

Schützen Sie Ihre Locken mit der keeksten aller Tuchfrisuren.

1. Ein großes Tuch zu einem Dreieck falten. Mindestens 70 x 70 cm ist eine gute Größe für das Tuch. Das Tuch so auf den Kopf legen, dass der Mittelzipfel bis zur Nase zeigt.

2. Die äußeren Zipfel zusammenknoten. Den Knoten mitten auf dem Kopf oder etwas asymmetrisch an einer Seite platzieren. In der Mitte, um das Gesicht zu verlängern, an der Seite, um es zu verbreitern.

3. Den Mittelzipfel nach hinten falten und noch einen Knoten in die äußeren Zipfel machen.

4. Das Tuch mit Haarnadeln befestigen und die Zipfelenden in den Seiten des Turbans verstecken. Alternativ anstelle eines zweiten Knotens eine Schleife machen. Die Schleife zur gewünschten Größe justieren.

CHARMANTES CABRIOLET

Fangen Sie das Haar in einem pfiffigen Accessoire für die windige Autofahrt. Machen Sie ein Cabriolet!

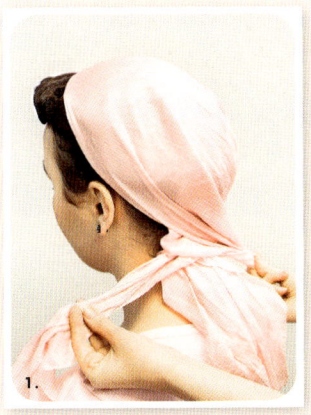

1. Ein großes Tuch in der Mitte falten und den Mittelzipfel in den Nacken herunterlegen. Die Seitenzipfel hinten überkreuzen.

2. Anschließend die Zipfel nach vorne ziehen und einen Knoten machen. Eine Alternative ist, die Seitenzipfel direkt unter dem Kinn zu knüpfen, ohne sie hinten zu überkreuzen.

DEKORATIVES DIADEM

Dekorieren Sie Ihre Frisur mit einem Farbklecks in Tuchform!

1. Ein Tuch zu einem Dreieck falten. Anschließend den Mittelzipfel 5 bis 10 cm nach innen falten. Weiter falten, bis das Tuch zu einem breiten Streifen (mit dem Mittelzipfel innen) geworden ist.

2. Den Streifen um den Kopf legen, vom Nacken bis zur Stirn. Entscheiden Sie sich, ob Sie eine Schleife auf dem Kopf oder einen Knoten im Nacken haben wollen. Die Zipfel frei hängen lassen.

Do It Yourself

SELBST GEMACHTE ACCESSOIRES FÜRS HAAR

Holen Sie Federbüsche, Flor und Filz heraus, besinnen Sie sich auf Ihr Basteltalent und schaffen Sie mit einfachen Mitteln eigene Hüte und Haar-Accessoires.

PILLENDOSEN-HUT

Machen Sie sich einen eleganten Jackie-Kennedy-Hut selbst. Einfach herzustellen und zeitlos schön.

Sie brauchen

STEIFEN FILZSTOFF IN DER FARBE IHRER WAHL
MASSBAND
STIFT
STOFFSCHERE
SICHERHEITSNADELN
KLEBSTOFF
NADEL
FADEN
SEIDENBAND

SO WIRD'S GEMACHT

1. Den Filzstoff auf einer glatten Oberfläche auslegen. Auf dem Filzstoff einen ca. 7 cm breiten (je nachdem, wie hoch Ihr Hut werden soll) und 50 bis 55 cm langen (je nach gewünschter Hutgröße) Streifen ausmessen und aufzeichnen.

2. Den Streifen mit einer Stoffschere ausschneiden und anschließend zu einem Kreis schließen. Die kurzen Enden ca. 2 cm überlappen lassen. Mit einer Sicherheitsnadel zusammenstecken.

3. Um den »Deckel« für den Pillendosen-Hut zu machen, kann man gut eine Schüssel, einen Dessertteller oder eine andere runde Form als Schablone verwenden. Die Schablone in den Filzstoffkreis einpassen. Wenn Sie die perfekte Schablone gefunden haben, legen Sie sie auf den Filzstoff, dann zeichnen Sie darum herum und schneiden den Deckel aus.

4. Den Deckel auf dem Kreis platzieren und so einpassen, dass er perfekt darüber liegt. Wenn Sie mit der Form zufrieden sind, kleben Sie den Kreis zusammen. Trocknen lassen. Wollen Sie den Hut besonders haltbar machen, können Sie ihn auch zusammennähen.

5. Den Deckel auf den Kreis legen und mit ein paar Stichen festnähen. Ein Seidenband um den Hut knoten und mit einer Schleife zubinden. Fertig!

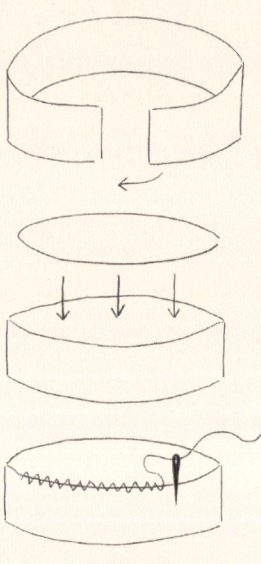

MINI-BASKEN-MÜTZE

Eine klassische Baskenmütze in allen Ehren, aber nichts geht über eine muntere Mini-Baskenmütze.

FILZSTOFF
STIFT
STOFFSCHERE
NADEL
FADEN
HUTNADEL

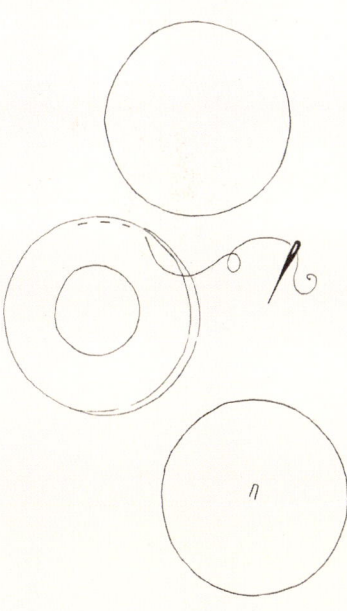

SO WIRD'S GEMACHT

1. Eine runde Form auswählen, die sich als Schablone eignet. Das kann beispielsweise eine Schüssel oder ein Teller sein, je nachdem, wie groß Ihre Mini-Baskenmütze werden soll. Den Filzstoff auf einer ebenen Oberfläche auslegen und die Schablone darauf platzieren. Um die Schablone herum zeichnen. Anschließend die Schablone entfernen und den Kreis ausschneiden. Die Baskenmütze auf dem Bild hat einen Durchmesser von 12 Zentimetern.

2. Schritt 1 wiederholen. Jetzt haben Sie zwei gleich große runde Stoffstücke. Eine neue, kleinere runde Schablone für die Unterseite der Baskenmütze aussuchen. Die kleinere Schablone auf einen der Kreise legen, um den Rand herum zeichnen und ausschneiden. Den kleinen Kreis weglegen.

3. Die beiden Kreise (einer mit und einer ohne Loch in der Mitte) zusammennähen und anschließend nach außen kehren. Jetzt ist der Grundstock der Baskenmütze fertig. Um eine flache Baskenmütze zu bekommen, die Nähte mit einem Bügeleisen zusammenpressen.

4. Aus einem Rest Filzstoff einen 0,5 x 1,5 cm langen Stoffstreifen ausschneiden. Das wird der Docht der Baskenmütze. Den Docht in der Mitte der Mütze befestigen, indem er von der Unterseite der Mütze aus festgenäht wird. Jetzt ist die Mütze fertig zur Verwendung. Mithilfe einer Hutnadel in der Frisur befestigen.

FLAPPER-SCHICK

Machen Sie sich ein 20er-Jahre-Federaccessoire aus einer Brosche. Absolut pfiffig – und einfach!

FEDERN
BROSCHE
CLIP
SEIDENBAND

SO WIRD'S GEMACHT

1. Die Brosche öffnen und die Enden der Federn in die Brosche führen, also zwischen die Nadel und die Brosche. Wenn Sie ein Haarband in richtigem 20er-Jahre-Stil haben wollen (sitzt wie ein Stirnband um den Kopf), schneiden Sie ein Seidenband zu, das um Ihren Kopf passt, und befestigen Sie die Brosche daran.

2. Klemmen Sie einen Clip in die Brosche und über das Seidenband und befestigen Sie ihn an der gewünschten Stelle in Ihrem Haar. Auf diese Weise ruht das Gewicht der Brosche auf dem Clip anstatt auf dem Seidenband (andernfalls könnte es heruntergezogen werden, was nicht mehr so schön aussieht). Fertig!

BETÖRENDE BLÜTE

Vorhang auf für das einfachste DIY-Accessoire des Jahrhunderts!

PLASTIKBLÜTE
KLEBSTOFF
HAARSPANGE

SO WIRD'S GEMACHT

1. Ein wenig Klebstoff auf die Haarspange streichen und dann die Plastikblüte darauf drücken. Trocknen lassen. Fertig!

VERFÜHRERISCHER SCHLEIER

Dramatisch und wahnsinnig elegant für jede Gelegenheit. Machen Sie sich einen kleinen Schleier!

HUTBASIS
SCHLEIERSTOFF
SCHERE
NADEL
FADEN
TEXTILKLEBSTOFF
FEDERN

Tipp!

Eine Hutbasis können Sie im Bastelgeschäft kaufen oder selbst machen, indem Sie ein rundes oder ovales Stück Pappe mit Filzstoff beziehen. Sie können auch eine dicke, steife Variante von Filzstoff verwenden. Befestigen Sie einen Clip am Filz und schwupps – Ihre Hutbasis ist fertig.

SO WIRD'S GEMACHT

1. Eine Halbkreisform aus dem dünnen, transparenten Stoff ausschneiden (gibt es in vielen Varianten in unterschiedlichen Stärken und Strukturen). Den Stoff an der geraden Seite entlang zusammenkräuseln und mit einer Sicherheitsnadel befestigen.

2. Federn, Federbüsche oder kleine Perlen daran festnähen und auf diese Art die Schleierenden bedecken.

3. Wenn Sie mit Ihrem Arrangement zufrieden sind, kleben oder nähen Sie es (je nach Material) auf der Hutbasis fest.

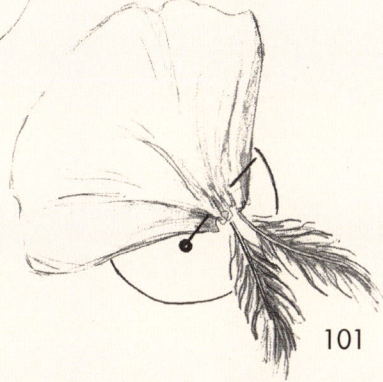

Makelloses Make-up

VOM HEIMLICHEN TABU ZUM STILBILDENDEN MUSS

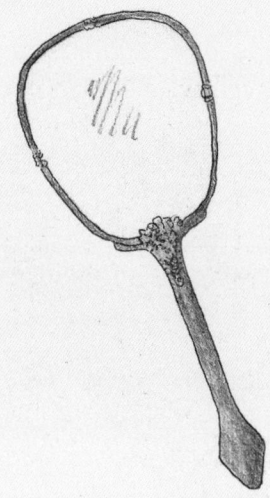 

Rot geschminkte Lippen, eyelinergesäumter Schlafzimmerblick und ein Potpourri von pastellfarbenen Lidschatten. Jahrzehntelang war Make-up die effektivste Waffe der Frauen, um aufzurütteln, herauszufordern oder zu verführen. Jede Kajallinie und jeder Rougefleck zeichnen einen scharfen kosmetischen Strich in der Geschichte. Kommen Sie mit auf eine kussmundbedeckte Make-up-Safari von den tabubelegten 1910er-Jahren bis in die stilbildenden 60er-Jahre.

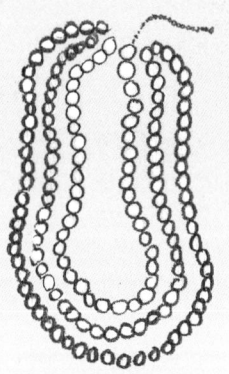

Make-up zieht im Zusammenhang mit der Entwicklung des Films am Anfang des 20. Jahrhunderts die Welt in seinen Bann. Es wird verwendet, um auf der stummen Leinwand kontrastreiches Mienenspiel zu schaffen. Die Augenbrauen werden als Striche gezeichnet, um die Gesichtsausdrücke zu verdeutlichen, und die Lippen dunkelrot geschminkt, damit sie sich von der bleichen Haut abheben. Während der schwindelerregenden Zeiten von Frauenrechtsfragen und abgeschnittenen Haarsträhnen verwenden Frauen Make-up, um ihre Selbstständigkeit und Identität zu markieren. Ein effektives Mittel, um mal zu gefallen, mal aufzurütteln – und das Gesellschaftsideal herauszufordern und damit neuen Boden zu betreten, wie sich zeigt. Farben und Formen haben sich seitdem mit TV-Colorierung, Frauenidealen und dem Angebot im Geldbeutel verändert.

AUGEN

Die Geburt der Mascara; dicker Lidstrich mit Schwung und zuckersüße Puppenwimpern. Sehen Sie, wie sich das Augen-Make-up von den nüchternen 1910er-Jahren bis zu den poppigen 1960er-Jahren verändert hat.

Tipp!

Ziehen Sie Ihren Lidstrich in drei Schritten. Zuerst von der Mitte nach außen. Dann vom Augenwinkel in die Mitte. Schließen Sie dann mit einem Schwung nach Wahl. Voilà!

1910ER-JAHRE

Bis zu den 1910er-Jahren wird Make-up nur in Maßen verwendet. Das Gesicht zu schminken wird nämlich nicht als fein angesehen, sondern als eine Art Tabu. Das Schönheitsideal ist natürlich, aber wie sowohl früher als auch später ist »natürlich« eine Interpretationsfrage. Make-up ist ein gut gehütetes Geheimnis, etwas, das Frauen auftragen, wenn niemand zusieht. Das Kaufhaus Selfridges in London springt in die Bresche, um dieses Tabu zu brechen, indem es eine Schönheitsabteilung eröffnet, in der die Briten am offenen Ladentisch Make-up kaufen können. Im selben Zug lanciert Maybelline die erste Mascara bestehend aus Vaseline und schwarzer Kohle. In Hollywood beginnen die Filmstars ihre Augenlider mit einer Paste aus Henna-Extrakt zu bestreichen, was Mr. **Max Factor** den Weg bahnt. Bald bringt er etwas ganz Neues heraus – Lidschatten. Die Farben, die man auf den Augen sieht, sind grau, grün und gelb.

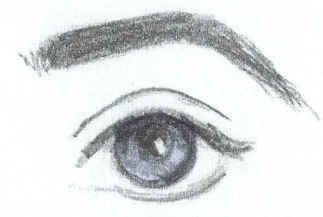

1920ER-JAHRE

Wenn die 20er-Jahre Charleston tanzen, wird dunkler Lidschatten über und unter die Augen gestrichen. Die Wimpern werden mit zerbröckelter Kohle oder der neuen Kuchen-Mascara geschminkt (einem Etui bestehend aus Mascara, Bürste, Anleitung und einem Bild von **Mildred Davis**' Augen). Nachdem die Mascara-Bürste eher flach ist, wird eine Wimpernzange von Kurlash verwendet. Auf der Jagd nach ausdrucksvollen Augen werden die ersten falschen Wimpern auf den Markt gebracht – hergestellt aus menschlichem Haar. Die Inspiration für den 20er-Jahre-Look kommt von den »sprechenden« Augen auf der Kinoleinwand, von frisch gebackenen Filmstars wie **Clara Bow**.

1930ER-JAHRE

In den 30er-Jahren breitet sich ein raffinierterer Look aus. Die Kohle wird zur Seite gelegt, stattdessen liegt der Fokus auf den Wimpern. Man schminkt die oberen Wimpern mit Mascara, während die unteren gar nicht oder nur leicht geschminkt werden. **Max Factor** und **Elizabeth Arden** sind die Hausgötter der Zeit, sowohl auf dem Schminktisch als auch in der Handtasche. Und in den Zeitschriften. Die schwarz-weißen Magazine aus den 20er-Jahren machen in dieser Periode neuen, schicken Farbbildern Platz. Die Farbwiedergabe in Magazinen wiederum bahnt den Weg für die farbigen Lidschatten.

1940ER-JAHRE

Trotz Rationierungszeiten und Krieg ist Make-up immer noch ein wichtiger Teil im Alltag der Frauen. In den 40er-Jahren geht es jedoch nicht so sehr um ausdrucksvolle Augen, sondern mehr um Lippen (siehe Seite 107). Die Augen werden mit einem leichten braunen Lidstrich geschminkt, der mit einem kleinen distinkten Schwung abgeschlossen wird. Die Wimpern werden in Maßen mit schwarzer Mascara geschminkt. Der Look ist alles andere als übertrieben, sondern natürlich und glanzvoll in seiner Einfachheit.

1950ER-JAHRE

Lidstrich, Lidstrich und wieder Lidstrich. In der Make-up-Welt der 50er-Jahren dreht sich alles um Eyeliner. Er wird mithilfe von einem Eyelinerpinsel dick über die Lider gestrichen und mit einem Schwung abgeschlossen. Alles, um einen so verführerischen Blick wie möglich zu bekommen. Die Mascara ist die beste Freundin der Frauen, und am liebsten verwendet man die neue Mascara im Röhrchen von **Helena Rubinstein**. Die unteren Wimpern belässt man ungeschminkt. In und mit den colorierten Filmen auf der Kinoleinwand werden auch Lidschatten in verschiedenen kühlen Pastelltönen immer populärer auf dem Markt. Jetzt auch mit schimmernden Pigmenten.

1960ER-JAHRE

Wache, unschuldige Puppenaugen kommen in den 60er-Jahren in Mode. Weißer oder hellblauer Lidschatten wird zusammen mit Konturlinien auf die Lider aufgetragen, die mit einem Eyeliner gezogen werden. Abstehende Spinnenwimpern werden mit Mascara (und einer ganzen Menge falscher Wimpern) an den oberen und unteren Augenlidern getragen. Um den offenen, wachen Blick zu erweitern, werden ein dicker Lidstrich auf die Augenlider, weißer Eyeliner unter das Auge und schwarzer Kajal entlang der unteren Wimpern aufgetragen.

LIPPEN

Von einer kleinen weinroten Rose über volle Monroe-Lippen bis zu 60er-Jahre-Lippen in Nude-Tönen, die kaum sichtbar sein sollen. Hier kommt ein Luftkuss von einer kussechten Lippengeschichte, der uns von der Befreiungszeit bis hin zu Power-Lippen bringt.

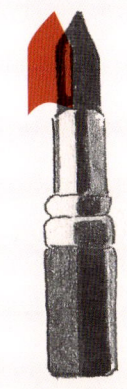

1910ER-JAHRE

Den Lippen etwas gesunde Farbe zu geben ist nichts Neues, nicht einmal zu Beginn des 20. Jahrhunderts. Neu ist dagegen der Lippenstift. Diese revolutionäre Lebensnotwendigkeit wird 1915 von **Maurice Levy** erfunden und besteht aus einem gefärbten herausdrehbaren Stift aus Wachs, der in einem Metallröhrchen verwahrt wird. Der Lippenstift wird von den Suffragetten fleißig verwendet und wird bald zum Symbol für die Befreiung der Frauen. Der Lippenstift – oder der farbige Lippenbalsam – wird dem Trend nach als kleine Rose auf die Lippen aufgetragen.

1920ER-JAHRE

In den 20er-Jahren erfährt der dunkelrote und rotbraune Lippenstift einen Aufschwung. Schließlich sollte man die Lippen auf der – brandneuen – Leinwand sehen können. Um den Lippen so feine Konturen und Formen wie möglich zu geben, verwendet man Schablonen. Die Lippen werden in Herzform geschminkt, einem sogenannten Amorbogen, der die natürlichen Konturen der Lippen auch überragen darf. Der Mund soll klein und spitz sein wie ein kleiner Kussmund im ansonsten blassen Gesicht.

1930ER-JAHRE

Die mal glamourösen, mal krisengeschüttelten 30er-Jahre hinterlassen eine Vielzahl an Kussabdrücken. Roter Lippenstift ist das Accessoire jeder Frau. Nun sollen die Lippen nicht mehr spitz, sondern viereckig und länglich geschminkt werden. Die Inspiration kommt von Stilikonen wie **Greta Garbo** und **Marlene Dietrich**.

Die leichenblasse Mode aus den 20er-Jahren erscheint in den Krisen der 30er-Jahre auf einmal unpassend. Ein neues, sonnengebräuntes Schönheitsideal kommt in Mode und streut einen goldenen Sonnenschimmer über die Superstars der Zeit. Dieser heiße Trend bahnt den Weg für ein ganz neues Produkt. In den 30er-Jahren kommt der populäre **Helena-Rubinstein**-Lippenstift auf den Markt – mit Sonnenschutz.

1940ER-JAHRE

Mitten im tobenden Krieg könnte man denken, dass Lippenstift nicht die erste Priorität ist. Falsch gedacht! In Amerika sieht man Lippenstift als eine Weise, die Moral zu stärken, eine Art Power-Accessoire in Kriegszeiten. Die Frauen werden ermuntert, Lippenstift zu tragen, um die Trauer zu überdecken, und Lippenstift wird zu einem Synonym für Stärke. Für diesen Trend springen **Rita Hayworth**, **Bette Davis** und **Joan Crawford** mit vollen, symmetrischen Lippen in die Bresche.

Zum Power-Lippenstift trägt man – den Trendsettern gemäß – passenden Nagellack. Wie auf ein Signal beginnen alle Kosmetikfirmen, Sets mit Lippenstift und farblich passendem Nagellack zu lancieren.

1950ER-JAHRE

Zu der ultrafemininen Mode, die die 50er-Jahre charakterisiert, werden spitze Lippen in Rosa oder Rot getragen. Die Stilikonen sind **Marilyn Monroe** mit roten Lippen und **Audrey Hepburn** mit rosafarbenen. Um einen volleren Look zu erreichen, wird der Lippenstift auch außerhalb der natürlichen Lippenkonturen aufgetragen.

So gut wie alle Frauen tragen Lippenstift. Den ganzen Tag. Bis ins Unendliche wird aus den (inzwischen) goldfarbenen Lippenstifthüllen geschmiert, aufgetragen und ausgebessert, bis die Chemikerin **Hazel Bishop** auf die Formel für kussechten Lippenstift kommt. Dieses revolutionäre Produkt bleibt auf den Lippen, bis es abgeschminkt wird.

1960ER-JAHRE

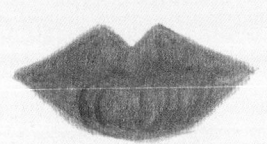

In diesem Jahrzehnt geht es im Großen und Ganzen darum, konventionelle Formen von Schönheit zu verwerfen. Nach dem totalen Überkonsum an Lippenstift in den 50er-Jahren verschwindet die Farbe nun von den Lippen. Sie werden stattdessen in Farben wie Beige, Hellrosa oder Weiß geschminkt, um so stark wie möglich mit dem übrigen Make-up zu verschmelzen. Nichts soll die Aufmerksamkeit von den Augen ablenken (siehe Seite 106).

Tipp!

Schminken Sie die Lippen zuerst mit einem Lipliner, dann einer Schicht Lippenstift, tupfen Sie dann auf einem Papier ab und schminken noch einmal. Erneut vorsichtig abtupfen. Matte Lippenstifte geben einen glamourösen Vintage-Look!

AUGENBRAUEN

Rund, kantig, voll, nicht vorhanden, beinahe ein Strich. Das vielleicht kleinste Accessoire der Welt, die Augenbraue, spielt in der Geschichte eine große Rolle. Ausdrucksvoll sowohl als scharfe Clara-Bow-Linie als auch als breite Audrey-Hepburn-Braue.

> **Tipp!**
>
> *Probieren Sie aus, Ihre Augenbrauen anstatt mit einem Stift mit Lidschatten zu schminken. Verwenden Sie eine harte, schräg gestellte Bürste und ziehen Sie viele kurze Striche, um die Brauen zu füllen und zu formen.*

1910ER-JAHRE

Leicht getrimmte Augenbrauen, die mit einer Pinzette gezupft werden. Ansonsten eine verhältnismäßig natürliche Form.

1920ER-JAHRE

Kurze, schmale Augenbrauen werden in einem Bogen oder als abfallender Strich gezogen, um den etwas unglücklichen Look zu erhalten, der hoch in Mode ist. Die Augenbrauen werden mithilfe eines schwarzen oder braunen Eyeliners gezeichnet – ja, gezeichnet!

1930ER-JAHRE

Das schmale Ideal hält sich, aber jetzt sollen die Augenbrauen länger sein. **Greta Garbo** ist mit ihren langen Strichen stilbildend. Auch etwas dickere Brauen halten Einzug. Um sie glänzen zu lassen, wird Vaseline oder Olivenöl auf die Brauen aufgetragen.

1940ER-JAHRE

In den kriegsgeprägten 40er-Jahren bekommen die Augenbrauen einen neuen Look. Natürlichkeit ist angesagt, sorgfältig getrimmt allerdings. Die Formen sind sowohl rund als auch kantig, aber insgesamt machen die Augenbrauen einen frischen und angenehmen Eindruck.

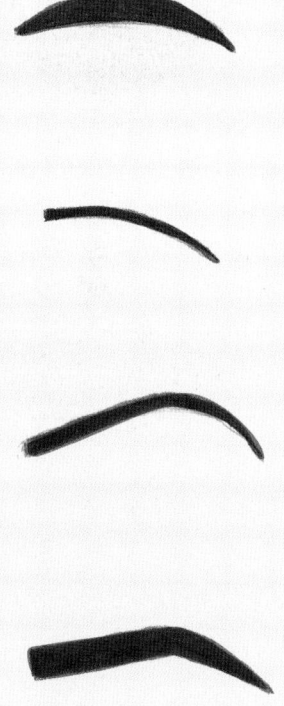

1950ER-JAHRE

Die Augenbrauen erklimmen in diesen goldenen 50er-Jahren neue Höhen. Ausdrucksvoll, charakterstark und sehr dick wölben sie sich über eyelinerbedeckten Augen. An der Make-up-Front gilt: je mehr, desto besser. Und zwar nicht nur in Bezug auf die Form. Die kräftig angewinkelten, auffälligen Augenbrauen sollen eine – oder mehrere – Nuancen dunkler sein als die natürlichen.

1960ER-JAHRE

Die Dicke kommt in gewissem Maß in die 60er-Jahre mit. Die Augenbrauen werden gezupft und ausgefüllt, genau wie in den Fünfzigern. Aber gleichzeitig mit dieser dicken Augenbrauenmode wächst ein neuer, distinkter Trend heran, nämlich gerundete, schmalere Varianten in natürlicher Farbe.

ROUGE

Eine rosig natürliche Wange oder promiskuitives Accessoire? Dieser kleine Make-up-Tupfer mit Namen Rouge ist in all seiner Einfachheit kontrovers.

1910ER-JAHRE

Frisch wie eine Wildrose ist das Ideal. Blasse Haut – die zeigt, dass man nicht in der Sonne gewesen ist – zeugt von besonderer Eleganz. 1914 lanciert **Max Factor** das populäre Pancake-Make-up, das, eigentlich für den Film gemacht, eine ebenmäßige Haut zaubert. Das Pancake-Make-up verbreitet sich aber bis zu den Modetrendsettern, die es sich zu eigen machen. Im gleichen Atemzug bringt dieselbe Marke Rouge in einem praktischen portablen Etui auf den Markt. Auf der blassen Haut wird mithilfe eines Pads ein kleines, leichtes Rouge kreisförmig auf die Wangen aufgetragen. Der Look soll natürlich sein. Zu viel Rouge wird als provokativ oder gar als promiskuitiv angesehen.

1920ER-JAHRE

Das blassweiße Ideal herrscht weiterhin, aber jetzt kommen neue Innovationen auf dem Gebiet des mittlerweile bleifreien Puders (Blei war zuvor ein gängiger Inhaltsstoff). Auf dieser matten Oberfläche wird rotes oder orangefarbenes Rouge auf die Wange aufgetragen – bis zum Auge hinauf. Tragbare Rougedosen kommen auf den Markt und führen dann dazu, dass Rouge gesellschaftlich akzeptiert wird. Es ist leicht aufzutragen und mitzunehmen und wird aus synthetischer Farbe hergestellt.

1930ER-JAHRE

Elfenbeinweiße Haut mit wachsartigem Touch ist das Schönheitsideal der 30er-Jahre, zusammen mit leicht rosafarbenem Rouge. Wenn überhaupt Rouge. Das Make-up ist insgesamt sparsam und leicht sonnengebräunt, mit Rouge, das wie kleine Rosen auf den Wangenknochen liegt. Gerne bis zum Auge hinauf.

Um diesen Look zu schaffen, wird Rouge in Creme- oder Puderform verwendet, und man macht sich Gedanken darüber, wie man das Gesicht mithilfe von Rouge formen kann (abhängig von der Gesichtsform).

1940ER-JAHRE

Foundation ist jetzt ein wichtiger Teil des Make-ups, genau wie loser Puder, der mit einer Schwanendaunenbürste appliziert wird. Dazu wird leichtes Rouge getragen – auf der ganzen Wange. Das Rouge wird wie ein umgekehrtes Dreieck auf die Wange aufgetragen. Während der kargen Kriegszeiten wird sogar der altbewährte Kneifer in die Wange eingesetzt, um gesunde Rosenfarbe ins Gesicht zu bringen.

1950ER-JAHRE

Flüssige Foundation ist in den 50er-Jahren angesagt, zusammen mit Puder und Rouge, das in praktischen Dosen verwahrt wird. Marken wie Elizabeth Arden, Max Factor und Helena Rubinstein sind ein Muss in der Handtasche. Die einschlägigste Farbe an der Rouge-Front ist Rosa. In dieser Ära ist ein etwas schwereres Make-up in Mode als vorher – nur nicht in Sachen Rouge.

Tipp!

Schütteln Sie den Rouge-Pinsel etwas aus, nachdem Sie ihn mit Farbe gefüllt haben, so vermeiden Sie Flecken auf den Wangen. Runde Bewegungen ergeben einen süßen, weichen Look, während scharfe Bewegungen einen härteren, tougheren Eindruck machen.

1960ER-JAHRE

In den Swinging Sixties geht es so gut wie nur um die Augen. Und die Haare. Die Haut – und die Lippen – sollen gepudert sein. Rouge wird vor allem verwendet, um das Gesicht zu formen und die Wangenknochen zu betonen, und wird somit als Strich in der Mitte der Wange aufgetragen. Während dieser Periode wird eine neue Art von Rouge lanciert, nämlich ein Rouge-Stift, der am ehesten wie ein großer Lippenstift beschrieben werden kann.

NÄGEL IM VINTAGE-STIL

Halbmond, freie Linien und knallige Farben – lassen Sie sich von Nägeln im Vintage-Stil inspirieren!

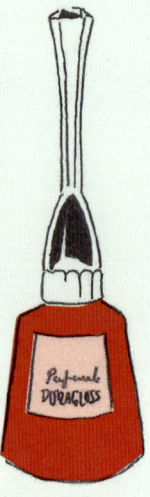

Nägel in bunten Farben, Mustern und Formen sind keine Neuheit. Fakt ist, dass die Trends seit mehreren tausend Jahren kommen und gehen. Meist waren bemalte Nägel ein Statussymbol, eine Art, die Oberklasse von der Mittelklasse zu unterscheiden.

Bis ins 20. Jahrhundert können es sich nur die absolut Reichsten leisten, ihre Nägel zu lackieren, aber mit der Industrialisierung wird Nagellack ein Produkt, das allmählich von der großen Masse getragen werden kann.

1910ER-JAHRE

Zur edwardianischen Mode, die während der 1910er-Jahre regiert, ist Sparsamkeit das, was gilt. Man zeigt seine Position in der Gesellschaft durch gute Hygiene. Bemalte Nägel kommen nur in feineren Kreisen vor, und dort werden die Nägel mit rosafarbenem oder rotem Öl »gefärbt«. Im Jahr 1917 wird der moderne Nagellack erfunden.

1920ER-JAHRE

Jetzt wird es langsam lustig an der Nagelfront. Nagellack schlägt in der expressiven Mode der 20er-Jahre ein wie eine Bombe. Es ist rebellisch, gewagt und absolut trendy, seine Nägel zu lackieren. Die Farbe, die verwendet wird, ist dieselbe, die man auf den ach so modernen Autos sieht: rot, blau und grün.

Mandelförmige Nägel werden mit »dem freien Rand« so lackiert, dass das Ende des Nagels unlackiert bleibt. Halbmond-Maniküre (siehe Seite 114) ist ein 20er-Jahre-Klassiker. Die trickreiche Maniküre zeigt, dass man es sich leisten kann, in den Schönheitssalon zu gehen.

Tipp!

• Verwenden Sie Unterlack, um Verfärbungen des Nagelbetts zu vermeiden.
• Achten Sie darauf, dass jede Lackschicht getrocknet ist, bevor Sie die nächste auftragen.
• Investieren Sie in einen guten Überlack, dann hält Ihr Nagellack länger.

1930ER-JAHRE

Nagellack wird ein Business. Die weltbekannte Nagellackfirma Revlon wird 1932 gegründet und bringt einen ganz eigenen Nagellack heraus – mit Pigmenten. Hollywood inspiriert sowohl die Mode- als auch die Schönheitsbranche, und was auf der Leinwand gesehen wird, zeigt man auch in den stylischen, eleganten Magazinen. Der freie Rand und die Halbmond-Maniküre sind weiterhin Trendsetter, in Farben wie Rosa, Rot, aber auch Smaragdgrün.

1940ER-JAHRE

Lippen werden rot geschminkt und so auch Nägel. Lippen und Nägel in exakt demselben Farbton zu halten ist sensationell und ganz neu! Die Make-up-Firmen lancieren Sets mit Lippenstift und passendem Nagellack in Farben wie Rot und Rosa. Es ist immer noch Mode, den Halbmond der Nägel zu zeigen, der Trend läuft jedoch langsam, aber sicher aus.

1950ER-JAHRE

Ganz lackierte Nägel in Technicolor-Rot – superpassend zu den roten Lippen – sind angesagt, neben Französischer Maniküre. Und, nicht zu vergessen, die neuen, schimmernden Nagellacks in Koralle und Rosa.

Der Farbfilm – diese spektakuläre Neuigkeit – inspiriert. Alles, was man bei den heißen Filmstars sieht, wird schnell zum Trend. Um das polierte Äußere der Filmstars kopieren zu können, mit ihrem gelegten Haar, ihren manikürten, runden Nägeln und ihrem makellosen Make-up, geht man in den Schönheitssalon. Man soll sehen, dass man das Geld dazu hat – das Statussymbol der 50er-Jahre.

1960ER-JAHRE

Poppige Nägel, die zu den grafischen Mustern und den explosiven Trendfarben in der Mode passen, beginnen mit den klassischen roten zu konkurrieren. Pastellfarben in verschiedenen Tönen wie Grün, Gelb, Lila und Rosa passen zu den dicken Lidstrichen. Auch die natürlicheren Nägel sieht man mit der reaktionären Jugend immer häufiger – bei denen, die so weit wie möglich von ihrer polierten Elterngeneration wegkommen wollen.

HALBMOND-MANIKÜRE

Ein Vintage-Favorit an der Nagelfront ist die Halbmond-Maniküre. Das ist ein Trend, der vor allem während der 20er- bis in die 40er-Jahre hinein in ist.

SCHABLONEN (Z. B. VERSTÄRKUNGSRINGE, KLEBESTREIFEN)
SCHERE
ÜBERLACK
UNTERLACK
FARBIGEN LACK
NAGELLACKENTFERNER
WATTESTÄBCHEN
PINZETTE

SO WIRD'S GEMACHT

1. Zuerst den Unterlack auf die trockenen Nägel auftragen. Wenn der Unterlack getrocknet ist, die Halbmondschablone am Nagelansatz befestigen. Die Schablone kann man beispielsweise aus Lochverstärkern für Papier (in der Mitte durchgeschnitten haben sie die perfekte Form), rund geschnittenem Tesafilm oder Etiketten machen. Die Schablone auf den Nagel drücken, sodass sie gut sitzt und keine Falten hat, in die Nagellack eindringen kann.

2. Wenn die Schablone am Platz ist, den bunten Lack auftragen. Zwei Schichten Lack sind optimal. Den Lack nach jeder Schicht trocknen lassen.

3. Die Schablone abziehen, wenn der Lack fast trocken ist. Wenn Sie warten, bis der Lack ganz trocken ist, besteht das Risiko, dass der Nagellack mit abgeht. Dazu am besten eine Pinzette verwenden, weil es etwas knifflig sein kann. Die Schablone nach unten in Richtung Finger ziehen, dann vermeiden Sie, dass Lackteile mitkommen.

4. Mit Überlack abschließen, sodass der Rand, der von der Schablone gebildet wurde, etwas geschützt wird. Eventuell danebengegangenen Lack mit einem in Nagellackentferner getauchten Wattestäbchen entfernen.

BRILLEN
kurzsichtige Stilikonen und verschwommene Trends

Brillen – charakteristisch, stilbildend und ein notwendiges Übel. Dieses notwendige Accessoire hat sich innerhalb von 50 Jahren von diskret zu stilbildend entwickelt. Ahmen Sie kurzsichtige Stilikonen nach, wählen Sie passende Brillen zur Frisur und lassen Sie sich von verschwommenen Trends inspirieren.

1910ER-JAHRE

Die Wahl zwischen Brille und Zwicker (oder Monokel) ist die große Frage dieser Epoche. Runde Brillen mit Schildkrötenmuster sind der Trend zur aufgetürmten 1910er-Jahre-Frisur.

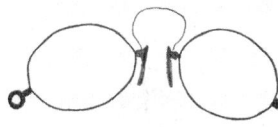

1920ER-JAHRE

In dieser Periode sind Brillen ein notwendiges Übel. Die Funktion steht über der Schönheit. Die Brillen sind rund und diskret – was zu den straffen, viereckigen Bobs passt.

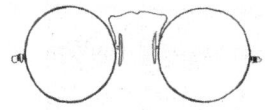

1930ER-JAHRE

Während eine Reihe von Frisurentrends heranwächst – 30er-Jahre-Wuschelkopf, Veronika-Lake-Locken und kurze, gelegte Frisuren –, tauchen mehrere diskrete Brillenmodelle auf. Der heranbrechende sonnengebräunte Trend, der neue Möglichkeiten eröffnet, bringt einen neuen Typ von Brille mit sich, nämlich die Sonnenbrille.

1940ER-JAHRE

Die »wissenschaftliche Forschung« proklamiert, dass man Frauen mit einer Brille verschönern kann, wenn man von ihrer natürlichen Gesichtsform ausgeht. Es gibt nach dieser Theorie zwei Gesichtsformen, oval und rund. Frauen mit einer runden Gesichtsform sollen etwas kantigere Brillen tragen, während die mit ovaler Gesichtsform runde Brillen tragen können. Dazu: harmonisierende Frisuren, die nicht ins Gesicht hineinhängen. Während der 1940er-Jahre sind die Brillen aus Metall, gefärbtem Plastik oder sowohl als auch! Zu dieser Zeit kommen nämlich die Browline-Brillen in Mode, ein Brillenmodell, das nur oben eine Fassung hat.

1950ER-JAHRE

Brillen werden zum Modeaccessoire. Vergessen Sie schmale, diskrete Metallfassungen – hier übernehmen die Fassungen die Hauptrolle. Hornbrillen, Browline-Varianten oder Ray Bans klassische Wayfarer sind tonangebend. Aber ganz oben auf der verschwommenen Liste sind die scharfen, katzenaugenförmigen Brillen, die zu gelegtem Haar und distinkten Augenbrauen (siehe Seite 109) getragen werden sollen. Nichts darf ja diese kantigen, charakteristischen Züge verstecken. Ein anderer Trend sind Brillen mit Dekorationen. Auf die katzenaugenförmigen Brillen werden Strass und Steine gesetzt – ein Muss auf Partys.

1960ER-JAHRE

Überdimensionierte Brillen in verschiedenen Formen, Farben und Mustern gewinnen in den 60er-Jahren an Boden. Die schmalen, länglichen Brillen mit grober Fassung regieren Seite an Seite mit Wayfarer-Klassikern und viereckigen Modellen. Die Sonnenbrille wird ein Muss, was man vor allem am Angebot an Sonnenbrillen sieht. Stilikonen wie **Jackie Kennedy** und **Brigitte Bardot** machen – zu ihren Frisuren – Sonnenbrillen zu ihrem Markenzeichen.

Psst!

Eine Brille kann eine Frisur auf verschiedene Arten verstärken. Eine katzenaugenförmige Brille führt den Blick nach oben, beispielsweise zu einer hübschen Hochsteckfrisur mit Volumen. Dicke Hornfassungen markieren einen scharf geschnittenen Bettie-Pony. Eine süße Frisur kann mithilfe von verschiedenen Brillen gewagter und eine gewagte Frisur süßer gemacht werden. Finden Sie Ihren eigenen Brillenstil!

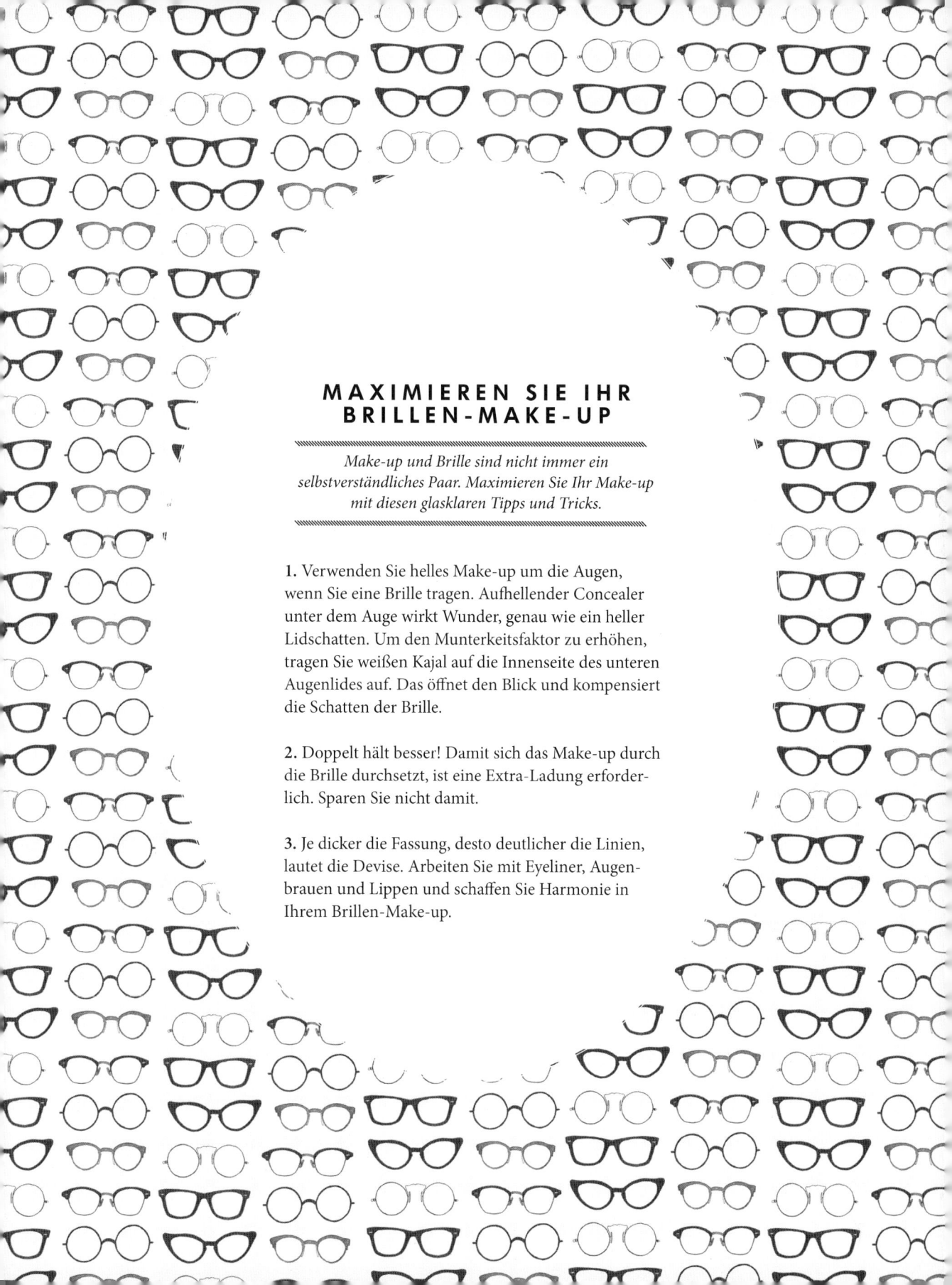

MAXIMIEREN SIE IHR BRILLEN-MAKE-UP

Make-up und Brille sind nicht immer ein selbstverständliches Paar. Maximieren Sie Ihr Make-up mit diesen glasklaren Tipps und Tricks.

1. Verwenden Sie helles Make-up um die Augen, wenn Sie eine Brille tragen. Aufhellender Concealer unter dem Auge wirkt Wunder, genau wie ein heller Lidschatten. Um den Munterkeitsfaktor zu erhöhen, tragen Sie weißen Kajal auf die Innenseite des unteren Augenlides auf. Das öffnet den Blick und kompensiert die Schatten der Brille.

2. Doppelt hält besser! Damit sich das Make-up durch die Brille durchsetzt, ist eine Extra-Ladung erforderlich. Sparen Sie nicht damit.

3. Je dicker die Fassung, desto deutlicher die Linien, lautet die Devise. Arbeiten Sie mit Eyeliner, Augenbrauen und Lippen und schaffen Sie Harmonie in Ihrem Brillen-Make-up.

Dank an

Aurea Florio Fava
Linda Stålarm (Fröken Stålarm)
Old Touch
TheMostestGirl
Peas & Understanding
Flygande veteranerna
Citykonditoriet
Liljeholmsbadet
Chicago
Johan Ankarfyr
PV:n Betty
Andreas Ridén
Maria Selinder
John Larsson
Helena Nilsson
Erica Olsson
Cristopher Overall

Modelle:

Karoline Pettersson
Johanna Alm
Veronica Marino
Johanna Åkerblom
Cecilia Hedman
Ruby Luscious
Christina Morberg Segura
Sara Harjunen
Nanna Björnsson
Lina Östh
Liza Christensen
Kristin Harrysson
Linnea Levin
Alma Lindquist Anander
Emelie Eriksson
Julia Ortschütz

Sarah Wing ist die berühmte Vintagefriseurin und Stylistin hinter dem Namen Retroella. Sie hat für eine Unmenge verschiedener Zeitschriften magische Frisuren geschaffen. Darüber hinaus steht sie hinter einigen der Frisuren in dem Buch *Vintageparty* (Norstedts Verlag) und gibt unglaublich populäre Kurse in »Vintage Hairstyling« in ihrem zeittypischen Salon.

Emma Sundh ist freie Journalistin (mit Gegenwartsgeschichte als Spezialgebiet), Vintage-Bloggerin (emmasvintage.se) und Illustratorin. Sie arbeitet seit sieben Jahren in der Zeitschriftenbranche, zuletzt bei Damernas Värld. Emma ist eine der Autorinnen des Buches *Vintageparty* (Norstedts Verlag). Das häufigste Thema auf ihrem Blog? Frisuren, Frisuren und nochmals Frisuren.

Martina Ankarfyr ist Fotografin und Bildbearbeiterin, und ihre hübschen Bilder passen wunderbar zum Vintage-Thema dieses Buches. Martina Ankarfyr ist die Fotografin hinter Büchern wie *Vintageparty*, *Pärlans konfektyr* und *StikkiNikki Icepops*.

www.vintagefrisyrer.se

Bibliografische Information der Deutschen Nationalbibliothek
Die Deutsche Nationalbibliothek verzeichnet diese Publikation in der Deutschen Nationalbibliografie; detaillierte bibliografische Daten sind im Internet über http://d-nb.de abrufbar.

Für Fragen und Anregungen
info@mvg-verlag.de

3. Auflage 2022

© 2016 by mvg Verlag, ein Imprint der Münchner Verlagsgruppe GmbH, Türkenstraße 89
80799 München
Tel.: 089 651285-0
Fax: 089 652096

© der Originalausgabe 2014 by Sarah Wing, Emma Sundh und Norstedts, Stockholm

Die englische Originalausgabe erschien 2014 in Schweden bei Norstedts unter dem Titel *Vintage frisyrer*.

Alle Rechte, insbesondere das Recht der Vervielfältigung und Verbreitung sowie der Übersetzung, vorbehalten. Kein Teil des Werkes darf in irgendeiner Form (durch Fotokopie, Mikrofilm oder ein anderes Verfahren) ohne schriftliche Genehmigung des Verlages reproduziert oder unter Verwendung elektronischer Systeme gespeichert, verarbeitet, vervielfältigt oder verbreitet werden.

Übersetzung: Julia Gschwilm, München
Redaktion: Silke Panten, Berlin
Umschlaggestaltung: Melanie Melzer, München
Alle Fotos: Martina Ankarfyr
Illustrationen: Emma Sundh
Satz: Daniel Förster, Belgern
Druck: Firmengruppe APPL, aprinta Druck, Wemding
Printed in Germany

ISBN Print 978-3-86882-669-2
ISBN E-Book (PDF) 978-3-86415-932-9
ISBN E-Book (EPUB, Mobi) 978-3-86415-933-6

Weitere Informationen zum Verlag finden Sie unter

www.mvg-verlag.de

Beachten Sie auch unsere weiteren Verlage unter www.m-vg.de